Chocolats et Confiserie

Chocolats et Confiserie

de

l'ECOLE LENÔTRE

Tome 2

EDITIONS JEROME VILLETTE

Des mêmes auteurs

Dans la même collection (de l'École Lenôtre) aux éditions Jérôme Villette

Les Décors fins

Les Recettes glacées

Les Pains et viennoiseries

Les Buffets sucrés

Les Buffets salés

Les Recettes fruitées

Hors collection :
Savoureusement vôtre
existe en italien : *Seduzione in cucina* chez Alberto Maioli Editore, Milan, 1999

9-11, rue du Tapis-Vert F-93260 Les Lilas, France

ISBN 978-2-86547-049-5

By the same authors

In the same collection (from the École Lenôtre) published by Éditions Jérôme Villette

*Les Décors fins (*Fine decorations)

*Les Recettes glacées (*Iced recipes)

*Les Pains et viennoiseries (*Breads and Viennese breads)

*Les Buffets sucrés (*Sweet buffets)

*Les Buffets salés (*Savoury buffets)

Les Recettes fruitées (Fruit recipes)

Not part of the collection :
*Savoureusement vôtre (*Deliciously Yours)
published in Italian: *Seduzione in cucina* by Alberto Maioli Editore, Milan, 1999

9-11, rue du Tapis-Vert F-93260 Les Lilas, France

ISBN 978-2-86547-049-5

Préface Preface

Forts du succès de notre collection d'ouvrages professionnels*, nous avons souhaité mettre au service des acteurs de la profession deux nouveaux outils afin de partager avec eux notre passion du travail bien fait, des matières premières de qualité et notre savoir-faire.

C'est autour du sucre et du chocolat que s'articulent ces deux ouvrages : matières magiques par excellence, si difficiles à maîtriser, présentées sous mille et une facettes plus modernes et créatives les unes que les autres. Nous y dévoilons nos recettes et nos tours de main mais aussi les techniques oubliées des confiseries qui ont fait les délices de générations d'enfants... et d'adultes !

Et dans cette nouvelle aventure à laquelle nous vous invitons à participer avec nous, nous avons voulu donner la parole à Barry Callebaut, garant à nos côtés de la qualité de l'une des plus belles gammes de matières premières en chocolaterie pouvant être mise à la disposition des professionnels.

Rien ne saurait nous faire plus plaisir que vous soyez nombreux, amoureux et passionnés, professionnels ou moins professionnels, à découvrir en notre compagnie l'histoire extraordinaire du sucre et du chocolat.

Encouraged by the success of our collection of professional cookery books*, we are now making two new tools available to players in the trade, with a view to sharing with them our passion for a job well done and for high-quality raw materials, not forgetting our own special know-how.

These two books are based on sugar and chocolate; magical materials par excellence, albeit difficult to master, presented in a thousand and one different ways, each one more modern and creative than the other. In them we unveil our recipes and our tricks of the trade, not to mention the forgotten techniques of a confectionery art that has delighted generations of children... and adults!

As part of this new venture, in which we invite you to participate, we wished to give a voice to Barry Callebaut. With us he has been the guarantor of quality for one of the finest ranges of chocolate-making raw materials that can be made available to professionals.

What greater happiness than knowing that many of you, chocolate lovers and devotees, professional or not so professional, are discovering in our company the extraordinary story of sugar and chocolate.

Patrick Scicard

Président du directoire Lenôtre s.a.

President of the Directoire Lenôtre s.a.

(*) *Les Décors fins, Les Pains et Viennoiseries, Les Recettes glacées, Les Buffets sucrés, Les Buffets salés, Les Recettes fruitées.*

(*) *Les Décors fins (Fine decorations), Les Pains et Viennoiseries (Breads and Viennese breads), Les Recettes glacées (Iced recipes), Les Buffets sucrés (Sweet buffets), Les Buffets salés (Savoury buffets), Les Recettes fruitées (Fruit recipes)*

Préface Preface

Le chocolat a aujourd'hui trouvé ses lettres de noblesse grâce aux artisans chocolatiers qui ont su en magnifier le goût et l'arôme. Les valeurs nutritive et gustative de cet aliment sont aujourd'hui mondialement reconnues et on l'utilise désormais aussi bien en pâtisserie chocolaterie qu'en restauration.

Le choix de notre groupe a toujours été de défendre la qualité et le respect des matières premières afin d'offrir à nos clients des produits dont ils pourront être fiers. Dans ce contexte d'exigence, de rigueur et de plaisir, la coopération avec la maison Lenôtre, qui symbolise le prestige de la pâtisserie française, était une évidence ; encore fallait-il la faire vivre, ce que nous avons réalisé à travers la création de chocolats conçus et développés avec la collaboration des artisans Lenôtre. Grâce à leur expérience et à leur sens de la perfection, ils ont créé des produits exceptionnels.

Né en France, ce partenariat s'est aujourd'hui étendu au monde entier. Ce livre, rédigé en français et en anglais, en est le symbole. Qu'il favorise le rayonnement du bon et vrai chocolat.

Chocolate has won acclaim today through the accomplishments of artisan chocolate-makers who have glorified its taste and aroma. The nutritional value of this food is now recognised worldwide and it is used both in pastry/chocolate-making and in the restaurant trade.

Our group has always chosen to defend the quality of, and respect for, raw materials, so that we offer our clients products they can be proud of. Within this context of high expectation, rigour and pleasure, co-operation with the Lenôtre company, which symbolises the prestige of French pastrymaking, seemed inevitable; yet it still had to be given life, something we achieved through the creation of chocolates designed and developed in partnership with the artisans at Lenôtre who, thanks to their experience and sense of perfection, have created a range of exceptional products.

The partnership between our two companies, born in France, has now extended worldwide. This book, written in French and English, is a symbol of it. May it encourage the spread of real, high-quality chocolate.

Benoît Villers

Directeur général Barry Callebaut France

Managing Director, Barry Callebaut France

Sommaire du tome 1 (rappel)

Summary volume 1 (reminder)

Tables des matières du tome 2

Contents - volume 2

Avant propos

Foreword

C'est avec un grand plaisir que nous allons vous parler du sucre sous toutes ses formes, du praliné, de la pâte d'amande, du miel et bien sûr... du chocolat, ou plutôt des chocolats. Retrouvons ensemble, comme une promesse du retour à l'enfance, le goût d'un berlingot, la bonne odeur d'un chocolat tiède, le tendre parfum d'un caramel. C'est sous le signe de la tradition et de l'innovation que nous vous proposons des recettes simples à réaliser avec, cependant, la volonté de vous faire oser des contrastes de saveurs, de matières et de textures. Certains d'entre-vous vont s'initier au chocolat tandis que d'autres redécouvriront le charme d'une recette oubliée ou réapprendront le « geste qui sauve ». Comme dans chacune de nos écoles, lors de chacun de nos stages professionnels, guidés par nos exigences de qualité, nous allons vous inciter à changer le paysage de la confiserie. Cette part importante du marché de la gourmandise doit, en effet, revenir de façon naturelle dans vos labos. C'est une source de profit légitime pour l'artisan ingénieux et créatif, surtout en un temps où l'avenir appartient à la qualité et au respect du produit comme du consommateur. Cet élan de créativité vous permettra, vous, confiseurs/chocolatiers, de garder une longueur d'avance sur la concurrence.

We are delighted at this opportunity to talk to you about sugar in all its forms, praliné, almond paste, honey and of course... chocolate, or rather chocolates. Together, like the promise of a return to childhood, let us rediscover the taste of the "humbug", the good smell of warm chocolate, the tender scent of a caramel. We stand under the banner of tradition and innovation in offering you simple recipes to make, hoping however that you will experiment with contrasts of flavours, materials and textures. For some of you, this will be an initiation into chocolate, while others will rediscover the charm of a forgotten recipe or will re-learn a few rescue techniques. As in each of our schools, and each of our professional training courses, guided by our demand for quality, we will encourage you to transform the landscape of confectionery. This significant share of the "gourmandise" market should, in effect, make a natural return to your laboratories. It is a source of legitimate profit for the ingenious, creative artisan, especially at a time when the future lies in quality and a respect for both the product and the consumer. This surge of creativity will enable you, as confectioners/chocolate-makers, to stay a length ahead of the competition.

Avec deux très grands professionnels que sont François Legras et Stéphane Glacier, nous sommes sûrs que ces deux volumes apporteront toutes les réponses aux questions que peuvent se poser les apprentis et les chefs de notre si belle profession. Merci encore, François et Stéphane.

François Legras

Stéphane Glacier

With two great professionals, François Legras and Stéphane Glacier, we are sure that these two volumes will provide answers to all the questions that might be asked by apprentices and chefs in our fine profession. Thank you, once again, François and Stéphane.

Marcel Derrien

Meilleur Ouvrier de France 1968
Directeur de l'École Lenôtre

"Meilleur Ouvrier de France" 1968
Director of the école Lenôtre

Philippe Bertrand

Meilleur Ouvrier de France 1996
Responsable de l'École Barry Callebaut

"Meilleur Ouvrier de France" 1996
Manager, École Barry Callebaut

Les recettes
Recipes

Désirs d'enfants, plaisirs des grands | Children's treat, grown-ups' delight

Rappel Reminder

Abréviations	Abbreviations
c.c. = cuillère à café	tsp. = teaspoon
c.s. = cuillère à soupe	tbsp. = tablespoon
Q.S. = quantité suffisante	S.Q. = sufficient quantity
* = signale un mot du glossaire p. 134	* = indicates a word featuring in the glossary p. 134

Tableau de correspondances des poids

1 c.c.	3 g	0.106 oz	1 tsp.
	5 g	0.176 oz	
1 c.s.	10 g	0.353 oz	1 tbsp.
	100 g	3.527 oz	
	500 g	17.64 oz	
	750 g	26.46 oz	
	1 000 g	35.27 oz	

Weight equivalence table

Les bouchées et tablettes

Les gammes de « bouchées » et « tablettes » connaissent un grand succès. Le choix de plus en plus varié de moules permet de tout mettre en œuvre pour les rendre de plus en plus attrayantes, tant par leur goût que par leur présentation. Elles représentent une part de marché intéressante que l'artisan se doit de prendre en compte.

Individual chocolates and bars

Ranges of "bouchées" (individual chocolates) and "tablettes" (bars) have encountered great success. The increasingly varied choice of moulds enables everything to be done to enhance their taste and presentation. They represent a valuable share of the market which artisan chocolate-makers should take into account.

La Tablette noix de coco

Ingrédients

120 g de lait concentré
280 g de lait de coco
2 gousses de vanille
600 g de chocolat de couverture ivoire
20 g de Malibu

Procédé

Faire bouillir les deux laits et les verser sur le chocolat de couverture ivoire finement haché. Ajouter la vanille grattée et l'alcool (photo n° 1) et laisser refroidir à 28°C. Couler la ganache obtenue dans des moules à tablettes préalablement moulés de chocolat de

Coconut bar

Ingredients

120 g condensed milk
280 g coconut milk
2 vanilla pods
600 g ivory couverture chocolate
20 g Malibu coconut liqueur

Method

Boil the two milks and pour them onto the finely chopped ivory couverture chocolate. Add the grated vanilla and the alcohol (photo no. 1) and leave to cool to 28°C. Pour the resulting ganache into bar moulds previously lined with ivory couverture chocolate

1 ▲

suite ▶▶▶

suite ▸▸▸

La Tablette noix de coco | Coconut bar

couverture ivoire (photo n° 1) et laisser cristalliser à l'air pendant 5 heures. Obturer les moules avec du chocolat de couverture ivoire. Attendre 24 heures avant de démouler.

(photo no. 1) and leave to crystallise in the air for 5 hours. Seal the moulds with ivory couverture chocolate. Wait 24 hours before removing from mould.

1 ▲

Dis-moi le temps d'attendre
La magie du lait sur les jaunes blanchis

Dis-moi le temps de découvrir
Le changement de couleur

Quand le cacao s'imprègne et se marie

Dis-moi le temps du froid
Le mystère du repos qui métamorphose

Quand les mots deviennent inutiles
Ils laissent les yeux manger un Parfait

How long before the milk casts its spell
Upon the whitened yolks?
How long before the colour changes
When cocoa permeates and disperses?

And when at last words can no longer be found
Feast your eyes on a Parfait!

Le Moka

Ingrédients

250 g de crème concentrée
80 g de lait
50 g de sucre inverti
15 g de pâte moka (recette p. 50, tome 1)
500 g de chocolat de couverture noir 66 %
100 g de beurre

Procédé

Faire bouillir la crème, le lait, le sucre inverti et la pâte moka. Verser sur la couverture finement hachée et laisser refroidir à 30°C. Ajouter le beurre en pommade*. Chablonner* une feuille de papier cuisson avec du chocolat de couverture noir 66 % à point. Poser un cadre de 12 mm d'épaisseur sur la feuille chablonnée et laisser cristalliser. Couler la masse dans le cadre et laisser cristalliser pendant 10 heures. Décadrer* et chablonner* le dessus avec du chocolat de couverture noir 66 %. Dès que le chablonnage est cristallisé et avant qu'il ne durcisse, détailler à la guitare 40 x 40 mm. Enrober de chocolat de couverture noir 66 % et appliquer une feuille de décor en sérigraphie or.

Mocha

Ingredients

250 g condensed cream
80 g milk
50 g invert sugar
15 g mocha paste (recipe p. 50)
500 g 66% dark couverture chocolate
100 g butter

Method

Boil the cream, milk, invert sugar and mocha paste. Pour onto the finely chopped couverture chocolate and leave to cool to 30°C. Add the softened butter. Coat a sheet of cooking paper with a fine layer of 66% dark couverture chocolate at the correct working temperature. Place a frame 12 mm thick on the coated frame and leave to crystallise. Pour the mass into the frame and leave to crystallise for 10 hours. Remove from frame and coat the top with 66% dark couverture chocolate. As soon as the coating has crystallised and before it hardens, shape to 40 x 40 mm using a guitar. Coat with 66% dark couverture chocolate and apply a gold screen-printed sheet for decoration.

Nanny's nuts about Nougat,
I'm nuts about it too,
I'm completely Nou gah-gah !
How about you?

Le Panaché

Ingrédients des bananes flambées

100 g de chair de banane
20 g de sucre inverti
20 g de rhum brun à 45 °C
20 g de beurre

Ingrédients de la ganache

100 g de bananes flambées
350 g de lait concentré
300 g de chocolat de couverture lait 36 %
300 g de chocolat de couverture noir 66 %
80 g de pailleté feuilletine

Procédé

Pour réaliser les bananes flambées, poêler la chair de banane avec le sucre inverti et le beurre, les faire caraméliser légèrement, puis flamber au rhum. Débarrasser sur plaque et laisser refroidir.

Pour la ganache, faire bouillir le lait et le laisser refroidir à 60°C. Le verser sur les chocolats de couverture finement hachés et ajouter les bananes flambées puis le pailleté. Laisser refroidir à 30°C.

Chablonner* une feuille de papier cuisson avec du chocolat de couverture noir 66 % à point. Poser un cadre de 12 mm d'épaisseur sur la feuille chablonnée et laisser cristalliser. Couler la masse dans le cadre et laisser cristalliser pendant 10 heures. Décadrer* et chablonner* le dessus avec du chocolat de couverture noir 66 %. Dès que le chablonnage est cristallisé et avant qu'il ne durcisse, détailler à la guitare 70 x 30 mm. Enrober de chocolat de couverture noir 66 % et décorer d'une plaquette de chocolat incrusté strié.

Panaché

Ingredients for flambé bananas

100 g banana
20 g invert sugar
20 g 45 °C brown rum
20 g butter

Ingredients for the ganache

100 g flambé bananas
350 g condensed milk
300 g 36% milk couverture chocolate
300 g 66% dark couverture chocolate
80 g pailleté feuilletine

Method

For the flambé bananas, fry the banana with the invert sugar and butter, caramelise lightly, then flambé with rum. Transfer to a sheet and leave to cool.

To make the ganache, boil the milk and leave to cool to 60°C. Pour onto the finely chopped couverture chocolates and add the flambé bananas then the pailleté. Leave to cool to 30°C. Coat a sheet of cooking paper with 66% dark couverture chocolate at the correct working temperature. Place a frame 12 mm thick on the coated sheet and leave to crystallise. Pour the mass into the frame and leave to crystallise for 10 hours. Remove from frame and coat the top with a fine layer of 66% dark couverture chocolate. As soon as the coating has crystallised and before it hardens, shape to 70 x 30 mm using a guitar. Coat with 66% dark couverture chocolate and decorate with a small sheet of striped, encrusted chocolate.

Mamie nous a gâtés de nougats
J'en suis tout gaga,
J'ai les nougats
Tout raplapla, là !

La Bouchée gianduja pistache

Composition
Gianduja à la pistache
Ganache amère

Ingrédients du gianduja à la pistache
140 g de beurre de cacao
80 g de pâte de pistache
600 g de duja (recette p. 47, tome 1)
30 g d'huile de soja
1 gousse de vanille

Ingrédients de la ganache amère
300 g de crème liquide
1 gousse de vanille
50 g de glucose
50 g de cacao en pâte
250 g de chocolat de couverture noir 71 %
15 g de beurre

Pistachio gianduja chocolate

Composition
Pistachio gianduja
Bitter ganache

Ingredients for the pistachio gianduja
140 g cocoa butter
80 g pistachio paste
600 g duja (recipe p. 47, volume 1)
30 g soya oil
1 vanilla pod

Ingredients for the bitter ganache
300 g liquid cream
1 vanilla pod
50 g glucose
50 g cocoa liquor
250 g 71% dark couverture chocolate
15 g butter

Procédé

Pour réaliser le gianduja à la pistache, faire chauffer le beurre de cacao, la pâte de pistache et l'huile de soja à 40°C. Ajouter ensuite le duja. Tabler* l'ensemble et mettre à point à 30°C. Chablonner* une feuille de papier cuisson avec du chocolat de couverture noir 66 % à point. Poser un cadre de 3 mm d'épaisseur sur la feuille chablonnée et laisser cristalliser. Abaisser le gianduja obtenu dans le cadre, le lisser au ras du cadre à l'aide d'une règle et laisser cristalliser pendant 1 heure.

Pour la ganache amère, faire bouillir la crème avec la gousse de vanille grattée et le glucose, puis verser sur le cacao en pâte et la couverture finement hachée. Laisser refroidir à 35°C et ajouter le beurre en pommade. Sur le gianduja pistache cristallisé, disposer un deuxième cadre de 5 mm d'épaisseur et y couler la ganache amère. Lisser à l'aide d'une règle et laisser cristalliser pendant 10 heures. Décadrer* et chablonner avec du chocolat de couverture noir 66 %. Dès que le chablonnage* est cristallisé et avant qu'il ne durcisse, détailler en rectangles de 6 x 3 cm. Tremper* dans du chocolat de couverture noir 66 % et appliquer un triangle de chocolat décor (voir p. 53, tome 1).

Method

To make the pistachio gianduja, heat the cocoa butter, the pistachio paste and the soya oil to 40°C. Then add the duja. Work the mixture until it cools to a temperature of 30°C. Coat a sheet of cooking paper with 66% dark couverture chocolate at the correct temperature. Place a frame 3 mm thick on the coated sheet and leave to crystallise. Roll out the resulting gianduja in the frame, smooth it to the edge of the frame using a ruler and leave to crystallise for 1 hour.

To make the bitter ganache, boil the cream with the grated vanilla pod and the glucose, then pour onto the cocoa liquor and the finely chopped couverture. Leave to cool to 35°C and add the softened butter. Over the crystallised pistachio gianduja, place a second frame 5 mm thick and pour in the bitter ganache. Smooth using a ruler and leave to crystallise for 10 hours. Remove from the frame and coat with 66% dark couverture chocolate. As soon as the coating has crystallised and before it hardens, cut into 6 x 3 cm rectangles. Dip in 66% dark couverture chocolate and apply a triangle of decorating chocolate (see p. 53, volume 1).

Le Barbade

Ingrédients

200 g de jus d'orange
50 g de jus de citron
250 g de sucre semoule
30 g de glucose
10 g de gingembre frais râpé
100 g de beurre de cacao
150 g de chocolat de couverture noir 70 %
5 g d'arôme naturel de citron
75 g de sucre semoule
80 g de beurre

Barbados

Ingredients

200 g orange juice
50 g lemon juice
250 g caster sugar
30 g glucose
10 g fresh grated ginger
100 g cocoa butter
150 g 70% dark couverture chocolate
5 g natural lemon flavouring
75 g caster sugar
80 g butter

1 ▲

2 ▲

Procédé

Faire cuire les jus d'orange et de citron, le sucre, le glucose et le gingembre à 104°C. Laisser refroidir à 40°C et ajouter le beurre de cacao fondu (photo n° 1), le chocolat de couverture fondu et l'arôme. Laisser refroidir à 35°C et ajouter le beurre en pommade*. À l'aide d'une poche, garnir un moule à tablette préalablement chemisé* de chocolat de couverture noir 66 % (photo n° 2). Laisser cristalliser 10 heures. Obturer les tablettes avec du chocolat de couverture noir 66 %, laisser cristalliser 10 heures, puis démouler.

Method

Cook the orange and lemon juices, the sugar, the glucose and the ginger to 104°C. Leave to cool to 40°C and add the melted cocoa butter (photo no. 1), the melted couverture chocolate and the flavouring. Leave to cool to 35°C and add the softened butter. Using an icing bag, fill a bar mould pre-lined with 66% dark couverture chocolate (photo no. 2). Leave to crystallise for 10 hours. Seal the bars with 66% dark couverture chocolate, leave to crystallise for 10 hours, then remove from the mould.

Tarte chocolat framboise | Chocolate-raspberry tart

Composition
Pâte sablée (voir Les Pains et Viennoiseries, *p. 103)*
Biscuit chocolat sans farine (recette p. 69, t. 1)
Jus de framboise (recette p. 69, t. 1)
Ganache à la framboise
Glaçage au chocolat (voir Les Buffets sucrés, *p. 48)*
Finitions : framboises, quelques boucles de chocolat blanc, Q.S. sucre glace

Composition
Sablé pastry (see les Pains et Viennoiseries, *p. 103)*
Flourless chocolate sponge (recipe p. 69, vol. 1)
Raspberry juice (recipe p. 69, vol. 1)
Raspberry ganache
Chocolate icing (see les Buffets sucrés, *p. 48)*
Finishes: raspberries, a few white chocolate curls, S.Q. icing sugar

Ingrédients de la ganache framboise
300 g de pulpe de framboise
80 g de sucre
160 g de crème liquide
40 g de beurre
360 g de chocolat de couverture noir 70 %
260 g de chocolat de couverture lait 36 %
40 g d'alcool de framboise

Ingredients for the raspberry ganache
300 g raspberry pulp
80 g sugar
160 g liquid cream
40 g butter
360 g 70% dark couverture chocolate
260 g 36% milk couverture chocolate
40 g raspberry alcohol

Procédé
Faire chauffer la pulpe de framboise avec le sucre. Séparément, faire chauffer la crème liquide. Verser l'un après l'autre sur les chocolats râpés. Laisser refroidir à 35°C, puis ajouter le beurre en pommade* et l'alcool. Utiliser aussitôt.

Method
Heat the raspberry pulp with the sugar. Separately, heat the liquid cream. Pour them one after the other onto the grated chocolates. Leave to cool to 35°C, then add the softened butter and the alcohol. Use immediately.

Montage
Dans un fond de tarte en pâte sablée, cuit à blanc, disposer un fond de biscuit chocolat sans farine punché au sirop de framboise. Garnir le fond de tarte jusqu'au ras avec la ganache à la framboise, et laisser prendre au réfrigérateur.

Assembly
In a tart base made of sablé pastry, blind-baked, pipe in a base of flourless chocolate sponge and raspberry syrup. Fill to the edge of the tart base with raspberry ganache and leave to set in the refrigerator.

Finitions
Glacer le dessus de la tarte avec du glaçage chocolat. Disposer une couronne de framboises au centre de la tarte avec quelques boucles de chocolat blanc, saupoudrer légèrement le tour de la tarte avec du sucre glace.

Finishes
Ice the top of the tart with chocolate icing. Arrange a crown of raspberries in the centre of the tart with a few curls of white chocolate. Sprinkle the edges of the tart lightly with icing sugar.

Tarte fondante au chocolat

Composition
Pâte sablée chocolat (voir Les Buffets sucrés, *p. 34)*
Ganache chocolat
Glaçage chocolat (voir Les Buffets sucrés, *p. 48)*
Finitions : pointes de feuille d'or, pistaches, cigarettes en chocolat 2 couleurs

Ingrédients de la ganache au chocolat
500 g de chocolat de couverture noir 58 %
500 g de crème liquide
200 g de lait entier
125 g d'œufs
6 g de cannelle bâton

Procédé
Pour la ganache, faire bouillir le lait et faire une infusion avec la cannelle. Faire bouillir la crème, y ajouter l'infusion chinoisée et verser sur le chocolat râpé. Ajouter les œufs à cette ganache et verser dans des fonds de tarte en pâte sablée chocolat, cuits à blanc. Cuire à 150°C pendant 8 à 10 min. Laisser refroidir.

Finition
Glacer la tarte entière avec du glaçage chocolat. Sur le dessus, disposer 3 cigarettes en chocolat deux couleurs. Égayer avec quelques pointes de feuille d'or et des pistaches finement hachées.

Chocolate fondant tart

Composition
Chocolate sablé pastry (see les Buffets sucrés, *p. 34)*
Chocloate ganache
Chocolate icing (see les Buffets sucrés, *p. 48)*
Finishes: gold leaf flakes, pistachios, 2-colour chocolate "cigarettes"

Ingredients for the chocolate ganache
500 g 58% dark couverture chocolate
500 g liquid cream
200 g whole milk
125 g eggs
6 g cinnamon sticks

Method
For the ganache, boil the milk and make an infusion with the cinnamon. Boil the cream, add the infusion strained through a chinois and pour onto the grated chocolate. Add the eggs to this ganache and pour into a tart base made of chocolate sablé pastry, blind-baked. Cook at 150°C for 8 to 10 min. Leave to cool.

Finish
Ice the whole tart with chocolate icing. On the top, arrange 3 two-colour chocolate "cigarettes". Decorate with a few gold leaf flakes and finely chopped pistachios.

Tarte bourbon au chocolat

Composition

Pâte sablée (voir Les Pains et Viennoiseries, *p. 103)*
Crème brûlée à la vanille
Ganache chocolat
Finitions : grillage en pâte sablée, sucre glace, petit éventail en chocolat

Ingrédients de la crème brûlée vanille

250 g de lait
250 g de crème
1 gousse de vanille
120 g de jaunes d'œufs
130 g de sucre

Ingrédients de la ganache chocolat

450 g de chocolat de couverture 64 %
600 g de crème liquide
100 g de lait
35 g de sucre inverti
70 g de beurre

Bourbon chocolate tart

Composition

Sablé pastry (see Les Pains et Viennoiseries, *p. 103)*
Vanilla crème brûlée
Chocolate ganache
Finishes: sablé pastry latticework, icing sugar, small chocolate fan

Ingredients for the vanilla crème brûlée

250 g milk
250 g cream
1 vanilla pod
120 g egg yolks
130 g sugar

Ingredients for the chocolate ganache

450 g 64% couverture chocolate
600 g liquid cream
100 g milk
35 g invert sugar
70 g butter

Procédé

Pour la crème brûlée, faire bouillir le lait, et faire une infusion avec la gousse de vanille. Blanchir les jaunes d'œufs avec le sucre. Faire refroidir l'infusion avec la crème froide et verser sur les jaunes d'œufs blanchis. Mélanger délicatement, chinoiser* et laisser reposer 12 heures. Verser dans des moules Flexipan® de diamètre désiré et de 1 cm d'épaisseur. Faire cuire sur grille dans un four à 100°C pendant 40 min. Laisser refroidir et congeler.

Pour réaliser la ganache, faire bouillir le lait, la crème et le sucre inverti. Verser sur le chocolat râpé, mélanger, laisser refroidir à 35°C et ajouter le beurre en pommade. Utiliser aussitôt.

Method

For the crème brûlée, boil the milk and make an infusion with the vanilla pod. Mix the egg yolks with the sugar until white. Cool the infusion with the cold cream and pour onto the whitened egg yolks. Mix delicately, strain through a chinois and leave to rest for 12 hours. Pour into Flexipan® moulds of the desired diameter and 1 cm thick. Cook on a rack in a 100°C oven for 40 min. Leave to cool and freeze.

To make the ganache, boil the milk, cream and invert sugar. Pour onto the grated chocolate, mix, leave to cool to 35°C and add the softened butter. Use immediately.

Montage

Dans un fond de tarte en pâte sablée cuit à blanc, disposer un palet de crème brûlée vanille encore congelé en le collant avec un peu de ganache. Lisser au ras de la tarte avec la ganache chocolat, puis passer au froid.

Finition

Réaliser un « grillage » en pâte sablée et le cuire jusqu'à obtention d'une belle coloration blonde. Le laisser refroidir, le saupoudrer de sucre glace et le disposer sur la tarte. Au centre, décorer d'un petit éventail en chocolat (voir p. 56, tome 1).

Assembly

In a sablé pastry tart base, blind-baked, arrange a disc of still-frozen vanilla crème brûlée using a little ganache to stick it down. Smooth the chocolate ganache to the edge of the tart, then put in a cold place.

Finish

Make some "latticework" from sablé pastry then cook to an attractive golden colour. Leave to cool, sprinkle with icing sugar and arrange over the tart. In the centre, decorate with a small chocolate fan (see p. 56, volume 1).

Les pralines

On les devrait à Lassagne, officier de bouche du maréchal du Plessis, duc de Choiseul-Praslin. Dans les communs de sa résidence à Montargis, Lassagne trouva un jour ses enfants en train de faire caraméliser des amandes dérobées dans les cuisines. L'exquise odeur qui émanait de l'endroit où s'affairaient les petits coquins signalait de loin le larcin et sa délicieuse conclusion. Lassagne, l'eau à la bouche, promit le secret en échange de friandises. Il perfectionna la recette et l'apporta à la cour de Louis XIII où le bonbon fut baptisé « prasline », bien que le duc ne fut pour rien dans l'invention. D'aucuns disent aussi que la recette fut la conséquence d'une maladresse d'un apprenti qui fit tomber des amandes dans du caramel au miel de Gâtinais...
De toutes façons, Lassagne se retira à Montargis et y ouvrit une confiserie, *la Maison de la Prasline*, qui existe toujours, véritable musée.
On fait des pralines dans les foires mais, lorsqu'elles sont bon marché, elles comportent des cacahuètes au lieu d'amandes...

Pralines

These we owe to Lassagne, Food Officer to Marshall Du Plessis, Duke of Choiseul-Praslin. One day, in the outbuildings of his residence in Montargis, Lassagne found his children caramelising almonds stolen from the kitchens. Even from afar, the exquisite smell emanating from where the little rascals were busy suggested mischief and its delicious conclusion. Lassagne, his mouth watering, promised to exchange the secret for treats. He perfected the recipe and brought it to the court of Louis XIII where the sweet was baptised "prasline", although the Duke had nothing to do with its invention. Others also said that the recipe was the result of the clumsiness of an apprentice who dropped some almonds in caramel with honey. In any case, Lassagne withdrew to Montargis and opened a confectionery shop there, the *Maison de la Prasline*, which still exists, and is now a veritable museum.
Pralines are made at fairs but, when sold cheaply, they are made from peanuts instead of almonds...

Gomme pour praline

Ingrédients

80 g de gomme arabique en cristaux
100 g d'eau

Procédé

Mettre les ingrédients à fondre ensemble à l'étuve et utiliser le lendemain.

Gum for praline

Ingredients

80 g gum arabic in crystals
100 g water

Method

Place the ingredients together in a drying oven to melt and use the next day.

Praline de Montespan

Ingrédients

500 g d'amandes brutes grillées
1 000 g de sucre cristal
350 g d'eau
200 g de glucose
125 g de pâte de cacao
5 g de vanille liquide
Q.S. de colorant rouge

Procédé

Faire griller les amandes dans un four à 170°C jusqu'à l'obtention d'une couleur blonde à cœur et les réserver. Faire un sirop avec l'eau, le sucre et le glucose, puis le diviser en 6 parties égales (200 g). Disposer les amandes encore chaudes dans une bassine en cuivre et verser la première partie du sirop, cuite à 116°C. Mélanger à la spatule pour faire masser, puis sabler* (veiller à ce que chaque amande soit bien enrobée de sucre). Passer les amandes sur un crible* pour enlever l'excédent de sucre. Renouveler 5 fois cette opération en ajoutant à chaque fois 25 g de pâte de cacao, de la vanille et du colorant rouge. Une fois la dernière opération terminée, enrober les pralines de gomme puis leur faire passer une nuit à l'étuve à 40°C. Laisser refroidir et stocker au sec.

Montespan praline

Ingredients

500 g toasted raw almonds
1 000 g granulated sugar
350 g water
200 g glucose
125 g cocoa liquor
5 g liquid vanilla
S.Q. red colouring

Method

Toast the almonds in a 170°C oven until they are golden to the core and set them aside. Make a syrup with the water, the sugar and the glucose, then divide it into 6 equal parts (200 g). Arrange the still-hot almonds in a copper basin and pour on the first part of the syrup, cooked to 116°C. Combine with a spatula, then mix until the almonds develop a granular coating of sugar (make sure that each one is coated). Rub the almonds over a sieve to remove the excess sugar. Repeat this operation 5 times, each time adding 25 g of cocoa liquor, vanilla and red colouring. Once the last operation has been completed, coat the pralines with gum then put them in a drying oven for the night at 40°C. Leave to cool and store in a dry place.

Je suis à côté
Et j'entends, venant de cet endroit
Des casseroles qui bougent
Des plats qui s'entrechoquent

L'eau qui coule...
Puis le silence.

Je suis en haut
Humant l'arôme
Qui s'échappe
Par les escaliers

Le temps qui passe...
Puis l'odeur.

Enfin elle vient à moi
Puissante, échappée
Elle annonce enfin
Le goûter au chocolat

From where I am, I hear the noise
Of rattling pans and chinking china

Water's running...
Then... silence.

From above, I inhale the sweet scent
Escaping and then rising by the stairs

Time goes by
And then... I smell it.
At last it comes to seek me out
Telling me... there's chocolate for tea!

1 ▲

Praline rouge

Ingrédients
250 g d'amandes blanches
500 g de sucre cristal
175 g d'eau
100 g de glucose
30 g de nougat sec
5 g d'extrait de vanille naturelle
10 g d'eau de fleur d'oranger
10 g de colorant rouge

Red praline

Ingredients
250 g white almonds
500 g granulated sugar
175 g water
100 g glucose
30 g dry nougat
5 g natural vanilla extract
10 g orange flower water
10 g red colouring

Procédé

Faire griller les amandes (photo n° 1) dans un four à 170°C jusqu'à l'obtention d'une couleur blonde à cœur et les réserver. Faire un sirop avec l'eau, le sucre et le glucose, puis le diviser en 6 parties égales (200 g). Disposer les amandes encore chaudes dans une bassine en cuivre et verser la première partie du sirop cuite à 116°C. Mélanger à la spatule pour faire masser (photo n° 2), puis sabler* en veillant à ce que chaque amande soit bien enrobée de sucre (photo n° 3). Passer les amandes sur un crible pour enlever l'excédent de sucre. Renouveler 5 fois cette opération en ajoutant la première fois toute la vanille et l'eau de fleur d'oranger avec du colorant rouge (photo n° 4). Les autres fois, ajouter un peu plus de colorant. Une fois la dernière opération terminée, gommer les pralines puis les mettre une nuit à l'étuve à 40°C. Laisser refroidir et stocker au sec.

Method

Toast the almonds (photo no. 1) in a 170°C oven until golden to the core and set aside. Make a syrup with the water, the sugar and the glucose, then divide into 6 equal parts (200 g). Place the still-hot almonds in a copper basin and pour on the first part of the syrup cooked to 116°C. Combine with a spatula (photo no. 2), then mix until the almonds develop a granular coating of sugar, making sure that each one is well coated (photo no. 3). Rub the almonds across a sieve to remove the excess sugar. Repeat this operation 5 times, the first time adding all the vanilla and the orange flower water with the red colouring (photo no. 4). The other times, add a little more colouring. Once the last operation has been completed, coat the pralines with gum then place them in the drying oven at 40°C for the night. Leave to cool and store in a dry place.

2 ▲

3 ▲

4 ▲

Les ganaches originales

En chocolaterie, de nos jours, on distingue deux principales familles : les pralinés et les ganaches, d'où le souci constant d'élargir les gammes classiques par des goûts plus originaux. Certains parfums subissent des phénomènes de mode que le chocolatier peut exploiter. D'autre part, tout comme en pâtisserie, le respect des saisons est important. Ne préfère-t-on pas déguster une ganache à la framboise à l'approche des beaux jours plutôt qu'en plein hiver ?

Original ganaches

In chocolate-making nowadays, two principal families can be distinguished: pralinés and ganaches, and this explains the constant concern to extend the classic ranges by means of more original tastes. Some flavours fall in with a fashion trend that the chocolate-maker can exploit. Moreover, as in pastrymaking, a respect for the seasons is important. After all, don't we prefer to savour a raspberry ganache as the fine weather approaches rather than in the midst of winter?

La Ganache framboise

Ingrédients

230 g de lait UHT
20 g de sucre inverti
600 g de chocolat de couverture noir 66 %
180 g de pulpe de framboise
45 g de beurre
30 g de crème de framboise à 25°

Procédé

Porter à ébullition le lait et le sucre inverti. Râper le chocolat de couverture noir 66 % et y verser le liquide chaud. Ajouter la pulpe de framboise chaude. Laisser refroidir à 35°C et ajouter le beurre en pommade* et la crème de framboise. Chablonner une feuille de papier cuisson avec du chocolat de couverture noir 66 % à point. Poser

Raspberry Ganache

Ingredients

230 g UHT milk
20 g invert sugar
600 g 66% dark couverture chocolate
180 g raspberry pulp
45 g butter
30 g 25° raspberry liqueur

Method

Bring the milk and the invert sugar to the boil. Grate the 66% dark couverture chocolate and pour the hot liquid onto it. Add the hot raspberry pulp. Leave to cool to 35°C and add the softened butter and the raspberry liqueur. Coat a sheet of cooking paper with 66% dark

suite ▸▸▸

suite ▸▸▸

un cadre de 8 mm d'épaisseur sur la feuille chablonnée et laisser cristalliser. Couler la ganache dans le cadre et la laisser cristalliser pendant 10 heures. Décadrer* et chablonner* le dessus avec du chocolat de couverture noir 66 %. Dès que le chablonnage est cristallisé et avant qu'il ne durcisse, détailler à la guitare 1,5 cm x 3,5 cm. Enrober de chocolat de couverture noir 66 % (photo n° 1). Décorer d'une plaquette de chocolat décor (voir photo n° 2 et p. 53, tome 1).

couverture chocolate at the correct working temperature. Place a frame 8 mm thick on the coated sheet and leave to crystallise. Pour the ganache into the frame and leave it to crystallise for 10 hours. Remove from the frame and coat the top with 66% dark couverture chocolate. As soon as the coating has crystallised and before it hardens, shape using a guitar to 1.5 cm x 3.5 cm. Coat with 66% dark couverture chocolate (photo no. 1). Decorate with a small sheet of decorating chocolate (see photo no. 2 and p. 53, volume 1).

1 ▲

2 ▲

Image qui craque
Morceau brisé
Impression de noir
Secret cacaoté de la ronde truffe

Image qui crisse
En copeaux en carré
Impression d'or
Secret de la cerise emprisonnée

An image of cracking
Shattering into pieces
Dark is the secret held inside the fullness
of the chocolaty truffle

An image of rustling and crunching
Shavings, squares
Golden is the secret
Of the cherry locked within

La Menthe fraîche

Fresh mint

1 ▲

Ingrédients

300 g de lait concentré
10 g de sucre inverti
10 g de glucose
45 g de thé vert
60 g de menthe fraîche
700 g de chocolat de couverture lait 36 %
100 g de chocolat de couverture noir 66 %
70 g de beurre

Ingredients

300 g condensed milk
10 g invert sugar
10 g glucose
45 g green tea
60 g fresh mint
700 g 36% milk couverture chocolate
100 g 66% dark couverture chocolate
70 g butter

Procédé

Faire bouillir le lait, le sucre inverti et le glucose. Ajouter la menthe et le thé vert et laisser infuser* 5 minutes (photo n° 1). Chinoiser, puis verser sur les chocolats de couverture finement hachés (photo n° 2). Laisser refroidir à 35°C et ajouter le beurre pommade*. Chablonner* une feuille de papier cuisson de chocolat de couverture noir 66 % à point. Poser un cadre de 8 mm d'épaisseur sur la feuille chablonnée et laisser cristalliser. Couler la ganache dans le cadre et laisser cristalliser pendant 10 heures. Décadrer* et chablonner* le dessus avec du chocolat de couverture noir 66 %. Dès que le chablonnage est cristallisé et avant qu'il ne durcisse, détailler à la guitare 22,5 x 22,5 mm. Enrober de chocolat de couverture noir 66 %. Décorer en appliquant une feuille thermoformée (photo n° 3) jusqu'à cristallisation.

Method

Boil the milk, the invert sugar and the glucose. Add the mint and the green tea and leave to infuse for 5 minutes (photo no. 1). Strain through a chinois, then pour onto the finely chopped couverture chocolates (photo no. 2). Leave to cool to 35°C and add the softened butter. Coat a sheet of cooking paper with 66% dark couverture chocolate at the correct temperature. Place a frame 8 mm thick on a coated sheet and leave to crystallise. Pour the ganache into the frame and leave to crystallise for 10 hours. Remove from the frame and coat the top with 66% dark couverture chocolate. As soon as the coating has crystallised and before it hardens, shape with a guitar to 22.5 x 22.5 mm. Coat with 66% dark couverture chocolate. Decorate by applying a thermoformed sheet (photo no. 3) until crystallisation.

2 ▲

3 ▲

Le Citron vert

Ingrédients
120 g de crème liquide
zeste de 2 citrons
100 g de jaunes d'œufs
200 g de sucre semoule
120 g de jus de citron vert
190 g de beurre
450 g de chocolat de couverture 55 %

Lime

Ingredients
120 g liquid cream
rind of 2 lemons
100 g egg yolks
200 g caster sugar
120 g lime juice
190 g butter
450 g 55% couverture chocolate

Procédé

Faire bouillir la crème et le zeste des citrons. Blanchir les jaunes d'œufs avec le sucre et y verser la crème. Ajouter le jus de citron. Faire cuire à 80°C et laisser refroidir à 30°C. Ajouter le beurre en pommade*, faire monter l'appareil au batteur et ajouter le chocolat de couverture 55 % à point. Chablonner une feuille de papier cuisson avec du chocolat de couverture noir 66 % à point. Poser un cadre de 8 mm d'épaisseur sur la feuille chablonnée et laisser cristalliser. Abaisser la ganache dans le cadre, lisser à l'aide d'une règle et laisser cristalliser pendant 10 heures. Décadrer* et chablonner* le dessus avec du chocolat de couverture noir 66 %. Dès que le chablonnage est cristallisé et avant qu'il ne durcisse, détailler à la guitare 22 x 27,5 mm. Enrober de chocolat de couverture noir 66 % (photo n° 1) et déposer une plaquette de chocolat décor (photo n° 2 et voir p. 53, du tome 1).

Method

Boil the cream and the lemon rinds. Mix the egg yolks with the sugar until white and pour the cream onto it. Add the lemon juice. Cook to 80°C and leave to cool to 30°C. Add the softened butter, whisk the mixture in the beater and add the 55% couverture chocolate at the correct working temperature. Coat a sheet of cooking paper with 66% dark couverture chocolate at the correct temperature. Place a frame 8 mm thick on a coated sheet and leave to crystallise. Roll out the ganache in the frame, smooth using a ruler and leave to crystallise for 10 hours. Remove from the frame and coat the top with a fine layer of 66% dark couverture chocolate. As soon as the coating has crystallised and before it hardens, cut with a guitar to 22 x 27.5 mm. Coat with 66% dark couverture chocolate (photo no.1) and apply a small sheet of decorating chocolate (photo no. 2 and see p. 53 of volume 1).

1 ▲

2 ▲

Le Ganache au miel de châtaignier

Ingrédients
150 g de crème liquide
420 g de chocolat de couverture lait 36 %
100 g de miel de châtaignier
70 g de beurre

Chestnut honey ganache

Ingredients
150 g liquid cream
420 g 36% milk couverture chocolate
100 g chestnut honey
70 g butter

La boutique

Elle séduit
Dès l'entrée
L'enfant sourit
Attiré

Chocolats, friandises
Le laissent médusé
La vendeuse gentille
L'emmène, épaté

L'instant est charmant
L'enfant soupire
Il n'y a plus de temps
Que celui du désir

The Shop

Seductive, from the very threshold
The child smiles
Attracted
Chocolates, delicacies
Leaving him spellbound
The kindly shop girl leads him, mesmerised
An enchanting scene
The child sighs
There's no more time left except … to wish

Procédé
Faire bouillir la crème liquide, y ajouter le miel et verser sur le chocolat de couverture lait haché. Laisser refroidir à 35°C et ajouter le beurre en pommade*. Monter au batteur. Chablonner* une feuille de papier cuisson de chocolat de couverture noir 66 % à point. Poser un cadre de 8 mm d'épaisseur sur la feuille chablonnée et laisser cristalliser. Couler la ganache dans le cadre et laisser cristalliser pendant 10 heures. Décadrer et chablonner* le dessus avec du chocolat de couverture noir 66 %. Dès que le chablonnage est cristallisé et avant qu'il ne durcisse, détailler à la guitare 22,5 x 22,5 mm. Enrober de chocolat de couverture lait 36 % et appliquer une feuille de sérigraphie marbrée chocolat blanc, lait et noir.

Method
Boil the liquid cream, add the honey and pour onto the chopped milk couverture chocolate. Leave to cool to 35°C and add the softened butter. Whisk in the beater. Coat a sheet of cooking paper with a fine layer of 66% dark couverture chocolate at the correct temperature. Place a frame 8 mm thick on the coated sheet and leave to crystallise. Pour the ganache into the frame and leave to crystallise for 10 hours. Remove from the frame and coat the top with 66% dark couverture chocolate. As soon as the coating has crystallised and before it hardens, shape with a guitar to 22.5 x 22.5 mm. Coat with 36% milk couverture chocolate and apply a screen-printed sheet marbled with white, milk and dark chocolate.

Pour toi je découpe des lames de soleil
Couleur bouton d'or
De ce jaune capiteux presque abricot
Brillantes auréoles

Elles ont le goût de l'été, des fruits mûrs
Ces fleurs de candi
S'épanouissent, cristal de beauté végétale
Effets de réel

For you, I cut slivers from the sun
Buttercup yellow, a yellow so rich,
Almost apricot

Radiant halos

The taste of summer, of ripe fruit
These candy flowers
Blossoming into living crystals
So true to life

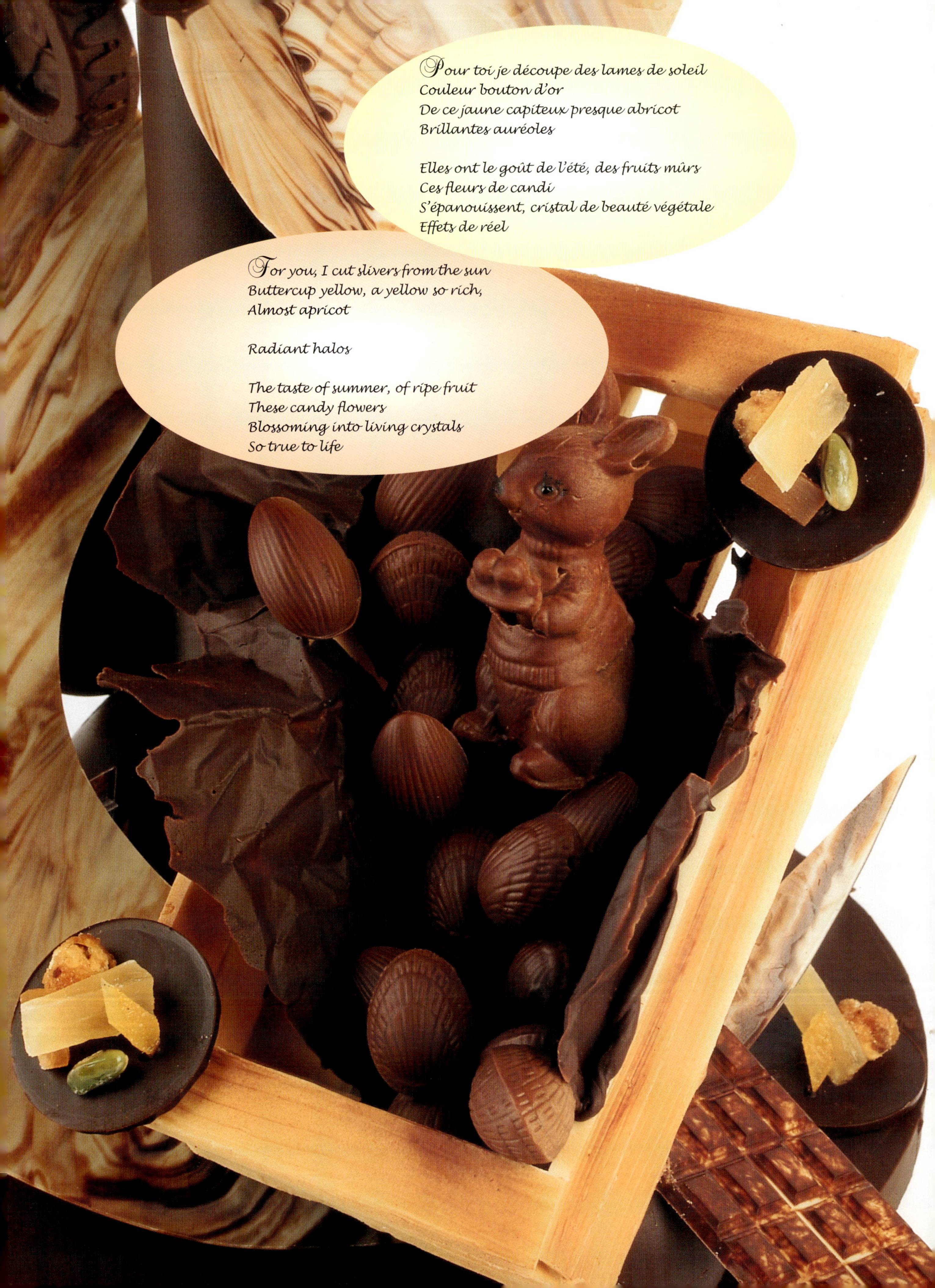

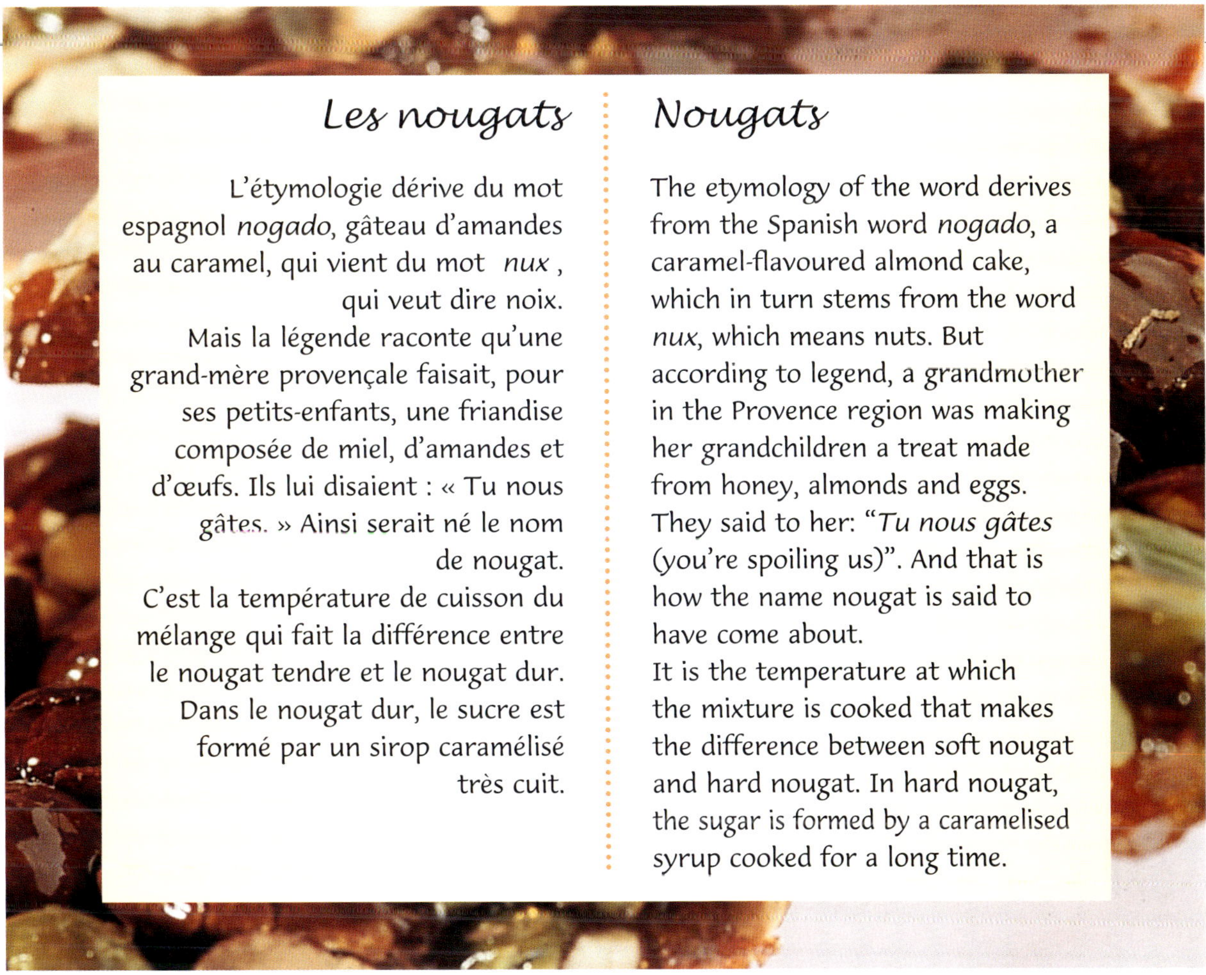

Les nougats

L'étymologie dérive du mot espagnol *nogado*, gâteau d'amandes au caramel, qui vient du mot *nux*, qui veut dire noix.
Mais la légende raconte qu'une grand-mère provençale faisait, pour ses petits-enfants, une friandise composée de miel, d'amandes et d'œufs. Ils lui disaient : « Tu nous gâtes. » Ainsi serait né le nom de nougat.
C'est la température de cuisson du mélange qui fait la différence entre le nougat tendre et le nougat dur. Dans le nougat dur, le sucre est formé par un sirop caramélisé très cuit.

Nougats

The etymology of the word derives from the Spanish word *nogado*, a caramel-flavoured almond cake, which in turn stems from the word *nux*, which means nuts. But according to legend, a grandmother in the Provence region was making her grandchildren a treat made from honey, almonds and eggs. They said to her: "*Tu nous gâtes* (you're spoiling us)". And that is how the name nougat is said to have come about.
It is the temperature at which the mixture is cooked that makes the difference between soft nougat and hard nougat. In hard nougat, the sugar is formed by a caramelised syrup cooked for a long time.

Le nougat pur miel

Ingrédients

70 g d'amandes hachées grillées
180 g d'amandes blanches
90 g de pistaches mondées
80 g de noisettes
60 g de blancs d'œufs frais
600 g de miel de châtaignier

Procédé

Torréfier les fruits secs au four de façon à ce qu'ils soient grillés blonds à cœur. Les réserver. Monter les blancs d'œufs et faire cuire le miel à 135°C. Le verser doucement sur les blancs et ajouter les fruits secs torréfiés et les pistaches avec la feuille du batteur et non le fouet pour ne pas écraser les fruits. Bien mélanger et étaler immédiatement entre 2 feuilles azyme dans un cadre. Refroidir 24 heures avant de découper le nougat, puis envelopper dans du papier cellophane.

Pure honey nougat

Ingredients

70 g toasted chopped almonds
180 g white almonds
90 g hulled pistachios
80 g hazelnuts
60 g fresh egg whites
600 g chestnut honey

Method

Oven-roast the almonds until they are golden to the core. Set them aside. Whisk the egg whites and cook the honey to 135°C. Pour it gently onto the whites and add the roasted almonds and the pistachios using the flat blade of the beater and not the whisk so as not to crush the nuts. Mix well and immediately spread between 2 thin sheets of unleavened bread in a frame. Cool for 24 hours before cutting the nougat, then wrap in cellophane paper.

Le nougat blanc

Ingrédients
250 g de noisettes
830 g de sucre cristal
250 g d'eau
180 g de glucose
500 g de miel de lavande
100 g de blancs d'œufs
40 g de sucre
120 g de pistaches
350 g d'amandes brutes
60 g de beurre de cacao

White nougat

Ingredients
250 g hazelnuts
830 g granulated sugar
250 g water
180 g glucose
500 g lavender honey
100 g egg whites
40 g sugar
120 g pistachios
350 g raw almonds
60 g cocoa butter

1 ▲

2 ▲

3 ▲

4 ▲

5 ▲

6 ▲

Procédé

Faire griller les noisettes et les amandes (photo n° 1) au four, blondes à cœur. Faire cuire l'eau, le sucre et le glucose à 150°C. Faire cuire le miel à 130°C (démarrer la cuisson du miel lorsque l'eau, le sucre et le glucose sont à 120°C afin que les deux cuissons se terminent en même temps). Monter les blancs d'œufs au fouet avec les 40 g de sucre (photo n° 2) et faire une meringue en versant le miel sur les blancs montés. Remuer vivement et verser immédiatement le sucre cuit sur la meringue au miel. Faire dessécher pendant quelques minutes (photo n° 3). Ajouter les fruits secs tièdes, les pistaches (photo n° 4) puis le beurre de cacao dans la meringue. Mélanger puis débarrasser immédiatement dans un cadre en inox de 1,2 cm de haut entre 2 feuilles azyme ou de film alimentaire (photo n° 5). Laisser refroidir. Le lendemain, découper à la taille désirée (photo n° 6).

Method

Toast the hazelnuts and the almonds (photo no. 1) in the oven, until golden to the core. Cook the water, sugar and glucose to 150°C. Cook the honey to 130°C (start cooking the honey when the water, sugar and glucose are at 120°C so that the two mixtures finish cooking at the same time). Using a whisk, whip the egg whites with the 40 g of sugar (photo no. 2) and make a meringue by pouring the honey onto the whisked whites. Stir briskly and pour the cooked sugar immediately onto the honey meringue. Dry out for a few minutes (photo no. 3). Add the warm nuts, the pistachios (photo no. 4) then the cocoa butter into the meringue. Mix then immediately transfer into a stainless steel frame 1.2 cm high between 2 thin sheets of unleavened bread or plastic food wrap (photo no. 5). Leave to cool. The next day, cut up to the desired size (photo no. 6).

Bonbon/pâte d'amande/chocolat/orange

Recette de Philippe Bertrand

Ingrédients

150 g de Pâte d'amande 66 %
50 g d'écorces d'orange confites
50 g de Couverture Louvre

Procédé

Mixer la pâte d'amande avec l'écorce d'orange confites. Ajouter Couverture louvre à 40°C. Abaisser à 0,6 cm entre deux feuilles de cuisson Exopat®. Détailler en forme de bouton d'or. Déposer les écorces d'orange. Enrober partiellement avec Couverture Louvre.

Almond paste-orange-chocolate sweet

Recipe by Philippe Bertrand

Ingredients

150 g Pâte d'amande 66% (almond paste)
50 g candied orange peel
50 g Couverture Louvre

Method

Mix the almond paste with the candied orange peel. Add Couverture Louvre at 40°C. Roll out to 0.6 cm between two Exopat® baking sheets. Cut into a buttercup shape. Arrange the orange peel. Partially coat with Couverture louvre.

Bonbon/pâte d'amande/chocolat/orange

Almond paste-chocolate-coffee sweet

Bonbon/pâte d'amande/chocolat/café

Ingrédients

150 g de Pâte d'amande 66 %
50 g d'écorce d'orange confites
50 g de Couverture Louvre
180 g de blancs d'œufs
310 g de sucre semoule
20 g d'extrait naturel café
90 g de sucre glace
2 g de jus de citron
5 g de gélatine feuille

Procédé

Pour réaliser la pâte d'amande chocolat/café, mixer la pâte d'amande avec l'écorce d'orange confites. Ajouter Couverture Louvre à 40°C.

Pour la meringue café, pocher à 60°C les blancs d'œufs, le sucre semoule et l'extrait de café. Faire refroidir à 40°C au batteur avec le fouet. Ajouter le sucre glace, le jus de citron et la gélatine en feuille. Détailler l'appareil pâte d'amande/chocolat en rond. Ajouter la meringue confiseur en surface. Glacer le dessus à 30-35°C. Enrober partiellement avec Couverture Louvre.

Almond paste-chocolate-coffee sweet

Ingredients

150 g Pâte d'amande 66% (almond paste)
50 g candied orange peel
50 g Couverture Louvre
180 g egg whites
310 g caster sugar
20 g natural coffee extract
90 g icing sugar
2 g lemon juice
5 g gelatin sheet

Method

To make the chocolate/coffee almond paste, mix the almond paste with the candied orange peel. Add Couverture Louvre at 40°C.

For the coffee meringue, poach the egg whites, caster sugar and coffee extract at 60°C. Cool to 40°C in a mixer with the whisk attachment. Add the icing sugar, lemon juice and gelatin sheet. Cut the chocolate/almond paste mixture into a round shape. Apply the confectioner's meringue to the surface. Ice the top at 30-35°C. Partially coat with Couverture Louvre.

*L*e nougat pistache

Ingrédients

180 g d'amandes blanches
125 g de noisettes
420 g de sucre
125 g d'eau
90 g de glucose
250 g de miel de lavande
50 g de blancs d'œufs
20 g de sucre
150 g de pistaches
20 g de pâte de pistache
25 g de beurre de cacao

Procédé

Faire griller les noisettes et les amandes au four, blondes à cœur. Faire cuire l'eau, le sucre et le glucose à 160°C. Faire cuire le miel à 135°C (démarrer la cuisson du miel lorsque l'eau, le sucre et le glucose sont à 120°C afin que les deux cuissons se terminent en même temps). Monter les blancs d'œufs au fouet avec les 20 g de sucre et faire une meringue en versant le miel sur les blancs montés. Remuer vivement et verser immédiatement le sucre cuit sur la meringue au miel. Ajouter les fruits secs tièdes, les pistaches, la pâte de pistaches puis le beurre de cacao dans la meringue. Mélanger puis débarrasser* immédiatement dans un cadre en inox de 1,2 cm de haut entre 2 feuilles azyme. Laisser refroidir. Le lendemain, découper à la taille désirée.

*P*istachio nougat

Ingredients

180 g white almonds
125 g hazelnuts
420 g sugar
125 g water
90 g glucose
250 g lavender honey
50 g egg whites
20 g sugar
150 g pistachios
20 g pistachio paste
25 g cocoa butter

Method

Toast the hazelnuts and almonds in the oven until golden to the core. Cook the water, sugar and glucose to 160°C. Cook the honey to 135°C (start cooking the honey when the water, sugar and glucose are at 120°C so that the two mixtures finish cooking at the same time). Using a whisk, whip the egg whites with the 20 g of sugar and make a meringue by pouring the honey onto the whisked whites. Stir briskly and immediately pour the cooked sugar onto the honey meringue. Add the warm nuts, the pistachios, the pistachio paste then the cocoa butter into the meringue. Mix then immediately transfer to a stainless steel frame 1.2 cm high between two thin sheets of unleavened bread. Leave to cool. The next day, cut up to the desired size.

Ce sang est d'or
Veines de miel

Sève des nougats
Aliment de roi

Si ganaches sans abeilles
Point de trésor

Golden blood,
Nougat sap running through honey veins.
Ambrosia, fit for Gods, food of kings.
Beware the ganache devoid of bees
For there's no treasure to be found within !

Le nougat dur au coriandre

Ingrédients

550 g d'amandes brutes
130 g de glucose
300 g de sucre
100 g de miel
150 g de pistaches
5 g de coriandre en poudre

Hard nougat with coriander

Ingredients

550 g raw almonds
130 g glucose
300 g sugar
100 g honey
150 g pistachios
5 g coriander powder

1 ▲

2 ▲

3 ▲

4 ▲

Procédé

Faire griller les amandes brutes au four, blondes à cœur. Faire cuire le sucre, le glucose et le miel à 165°C jusqu'à obtention d'une couleur caramel et ajouter les amandes grillées, les pistaches et la poudre de coriandre (photo n° 1). Mélanger (photo n° 2), verser immédiatement et étaler sur un marbre légèrement huilé (photos n° 3 et 4) ou une feuille de cuisson Exopat®. Laisser refroidir puis casser en gros morceaux. Filmer et conserver au sec.

Method

Toast the almonds in the oven, until golden to the core. Cook the sugar, glucose and honey to 165°C until they turn a caramel colour and add the toasted almonds, the pistachios and the coriander powder (photo no. 1).Mix (photo no. 2), then immediately pour and spread onto a lightly oiled marble board (photos no. 3 and 4) or an Exopat® cooking sheet. Leave to cool then break into large pieces. Wrap in plastic film and keep in a dry place.

Les ganaches insolites

De nos jours, de plus en plus de clients souhaitent sortir des sentiers battus. Il est donc bon d'insérer dans la gamme de chocolats quelques « insolites » : si ce ne sont pas les plus vendus, ils permettront de se démarquer de la concurrence. Cependant, la recherche de l'originalité ne doit pas aboutir à une excentricité extrême. Épices et aromates doivent être utilisés avec sagesse et subtilité tout en prenant garde de ne pas nuire à la qualité et en tenant compte des nombreux aspects techniques de la chocolaterie.

Unusual ganaches

Nowadays, an increasing number of customers want to get off the beaten track a little. It is therefore a good idea to introduce a few "unusual" items into your range of chocolates: while they won't be the biggest sellers, they will certainly help you stand out from the competition. However, a search for originality should not lead to extreme eccentricity. Spices and flavourings must be used wisely and subtley while taking care not to detract from the quality aspect, and taking into account the many technical aspects of chocolate-making.

Le Gingembre

Ingrédients

320 g de crème liquide
1,5 g de gingembre frais râpé
20 g de thé de Ceylan
300 g de chocolat de couverture noir à 66 %
80 g de chocolat de couverture lait 36 %
15 g de gingembre confit broyé
65 g de beurre pommade

Procédé

Faire bouillir la crème liquide et le gingembre frais. À ébullition, ajouter le thé et laisser infuser* 3 min. Chinoiser* et repeser 320 g d'infusion (s'il manque du poids, compléter avec de la crème liquide). Verser l'infusion

Ginger

Ingredients

320 g liquid cream
1.5 g fresh grated ginger
20 g Ceylon tea
300 g 66% dark couverture chocolate
80 g 36% milk couverture chocolate
15 g ground candied ginger
65 g softened butter

Method

Boil the liquid cream and the fresh ginger. At boiling point, add the tea and leave to infuse* for 3 min. Put through a chinois and weigh out 320 g of infusion (if it is not heavy enough, add some liquid cream). Pour the hot infusion onto

suite ▸▸▸

suite ▸▸▸ chaude sur les chocolats de couverture hachés. Laisser refroidir à 35°C et ajouter le beurre pommade et le gingembre confit. Chablonner une feuille de papier cuisson de chocolat de couverture noir 66 % à point. Poser un cadre de 8 mm d'épaisseur sur la feuille chablonnée et laisser cristalliser. Couler la ganache dans le cadre et laisser cristalliser pendant 10 heures. Décadrer et chablonner le dessus de chocolat de couverture noir 66 %. Dès que le chablonnage est cristallisé et avant qu'il ne durcisse, détailler à la guitare 15 x 35 mm. Enrober de chocolat de couverture noir 66 %, puis décorer de 4 traits de fourchette (photo n° 1).

the chopped couverture chocolates. Leave to cool to 35°C and add the softened butter and the candied ginger. Coat a sheet of cooking paper with a fine layer of 66% dark couverture chocolate at the correct working temperature. Place a frame 8 mm thick on the coated sheet and leave to crystallise. Pour the ganache into the frame and leave to crystallise for 10 hours. Remove from the frame and coat the top with 66% dark couverture chocolate. As soon as the coating has crystallised and before it hardens, shape with a guitar to 15 x 35 mm. Coat with 66% dark couverture chocolate, then decorate with 4 lines made with a fork (photo no. 1).

1 ▲

Le Quatre-épices | Four-Spices ▸

Ingrédients

450 g de crème liquide
650 g de chocolat ganache 50 %
6 g de 4-épices (gingembre, cardamome, vanille, cannelle)

Procédé

Faire bouillir la crème avec les épices en poudre et laisser infuser. Verser sur le chocolat finement haché. Laisser refroidir à 30°C. Chablonner* une feuille de papier cuisson avec du chocolat de couverture noir 66 % à point. Poser un cadre de 8 mm d'épaisseur sur la feuille chablonnée et laisser cristalliser. Couler la ganache dans le cadre et laisser cristalliser pendant 10 heures. Décadrer* et chablonner* le dessus avec du chocolat de couverture noir 66 %. Dès que le chablonnage est cristallisé et avant qu'il ne durcisse, détailler à la guitare 22,5 x 30 mm. Enrober de chocolat de couverture noir 66 %. Décorer en parsemant les bonbons de grué de cacao (photo n° 2).

Ingredients

450 g liquid cream
650 g 50% ganache chocolate
6 g of 4 spices (ginger, cardamom, vanilla, cinnamon)

Method

Boil the cream with the powdered spices and leave to infuse. Pour onto the finely chopped chocolate. Leave to cool to 30°C. Coat a sheet of cooking paper with 66% dark couverture chocolate at the correct temperature. Place a frame 8 mm thick on the coated sheet and leave to crystallise. Pour the ganache into the frame and leave to crystallise for 10 hours. Remove from the frame and coat the top with 66% dark couverture chocolate. As soon as the coating has crystallised and before it hardens, shape with a guitar to 22.5 x 30 mm. Coat with 66% dark couverture chocolate. Decorate by sprinkling the sweets with cocoa nibs (photo no. 2)

2▲

1 ▲

Le Barbarle

Ingrédients

300 g de figues sèches
160 g de crème liquide
360 g de purée de figue
50 g de miel toutes fleurs
450 g de chocolat de couverture lait 36 %
200 g de chocolat ganache 50 %
200 g de beurre

Procédé

Hacher très finement les figues et les faire macérer 24 heures dans la crème liquide. Faire bouillir la crème (avec les figues), le miel et la purée de figues. Verser sur les chocolats hachés. Refroidir à 35°C et ajouter le beurre en pommade. Chablonner une feuille de papier cuisson avec du chocolat de couverture noir 66 % à point. Poser un cadre de 12 mm d'épaisseur sur la feuille chablonnée et laisser cristalliser. Couler la ganache dans le cadre et laisser cristalliser pendant 10 heures. Décadrer et chablonner le dessus avec du chocolat de couverture noir 66 %. Dès que le chablonnage est cristallisé et avant qu'il ne durcisse, détailler à la guitare 22,5 x 30 mm. Sur une feuille de papier guitare, dresser à la poche des petites gouttes de chocolat de couverture noir et y parsemer des pistils de safran au sommet. Laisser cristalliser. Enrober les intérieurs de chocolat de couverture noir 66 % et y déposer une « goutte » en chocolat saupoudrée de pistils de safran (photo n° 1)

Barbarie

Ingredients

300 g dried figs
160 g liquid cream
360 g fig puree
50 g mixed-flower honey
450 g 36% milk couverture chocolate
200 g 50% ganache chocolate
200 g butter

Method

Chop up the figs very finely and soak them for 24 hours in the liquid cream. Boil the cream (with the figs), the honey and the fig puree. Pour onto the chopped chocolates. Cool to 35°C and add the softened butter. Coat a sheet of cooking paper with 66% dark couverture chocolate at the correct temperature. Place a frame 12 mm thick on the coated sheet and leave to crystallise. Pour the ganache into the frame and leave to crystallise for 10 hours. Remove from the frame and coat the top with 66% dark couverture chocolate. As soon as the coating has crystallised and before it hardens, shape with a guitar to 22.5 x 30 mm. On a sheet of guitar paper, pipe out small drops of dark couverture chocolate and sprinkle a few saffron pistils on top. Leave to crystallise. Coat the interiors with 66% dark couverture chocolate and apply a chocolate "drop" sprinkled with saffron pistils (photo no. 1).

Le Licorie

Ingrédients
100 g de sucre
80 g de glucose
300 g de crème liquide
10 g de café lyophilisé
250 g de beurre salé
280 g de chocolat de couverture noir 66 %
230 g de chocolat de couverture lait 36 %
15 g de suc de réglisse
6 gouttes d'arôme naturel de réglisse
3 gouttes d'arôme naturel d'anis

Licorie

Ingredients
100 g sugar
80 g glucose
300 g liquid cream
10 g instant coffee
250 g salted butter
280 g 66% dark couverture chocolate
230 g 36% milk couverture chocolate
15 g liquorice sap
6 drops natural liquorice flavouring
3 drops natural aniseed flavouring

1 ▲

Procédé
Faire cuire le sucre, le glucose et la crème à 105°C. Verser sur les chocolats de couverture mi-fondus, puis ajouter le beurre tempéré, le café, le suc de réglisse et les arômes (photo n° 1). Chablonner* une feuille de papier cuisson avec du chocolat de couverture noir 66 % à point. Poser un cadre de 8 mm d'épaisseur sur la feuille chablonnée et laisser cristalliser. Couler la ganache obtenue dans le cadre et laisser cristalliser pendant 10 h. Décadrer* et chablonner* le dessus avec du chocolat de couverture noir 66 %. Dès que le chablonnage est cristalllisé et avant qu'il ne durcisse, détailler à la guitare 35 x 15 mm. Décorer en déposant une plaquette de chocolat décor (photo n° 2).

Method
Cook the sugar, glucose and cream to 105°C. Pour onto the half-melted couverture chocolates, then add the tempered butter, the coffee, the liquorice sap and the flavourings (photo no. 1). Coat a sheet of cooking paper with 66% dark couverture chocolate at the correct temperature. Place a frame 8 mm thick on the coated sheet and leave to crystallise. Pour the resulting ganache into the frame and leave to crystallise for 10 hours. Remove from the frame and coat the top with 66% dark couverture chocolate. As soon as the coating has crystallised and before it hardens, shape with a guitar to 35 x 15 mm. Decorate by applying a small sheet of decorating chocolate (photo no. 2).

2 ▲

L'Anis | Aniseed

Ingrédients

250 g de crème liquide
100 g de glucose
150 g de sucre
220 g de beurre
460 g de chocolat de couverture lait 36 %
80 g de cacao pure pâte
50 g de beurre de cacao
35 g d'Ouzo
10 g de Marie Brizard

Ingredients

250 g liquid cream
100 g glucose
150 g sugar
220 g butter
460 g 36% milk couverture chocolate
80 g pure cocoa liquor
50 g cocoa butter
35 g Ouzo wine
10 g Marie Brizard liqueur

Chorégraphie culinaire
Ballets de fouets et de spatules
La Recette évolue au rythme
D'une musique intérieure

Ton donné par l'artiste
Celui qui tient le manche
Bois ou métal
Douille ou cuillère

Mystère du chocolat
Répandu en ronds parfaits
Alchimie culinaire

Entre l'homme et la matière

Procédé

Faire cuire le sucre, le glucose et la crème à 106°C. Laisser refroidir à 40°C et ajouter le chocolat fondu, le beurre de cacao fondu, l'Ouzo et la Marie Brizard. Laisser refroidir à 35°C et ajouter le beurre en pommade. Chablonner* une feuille de papier cuisson de chocolat de couverture noir 66 % à point. Poser un cadre de 8 mm d'épaisseur sur la feuille chablonnée et laisser cristalliser. Couler la ganache obtenue dans le cadre et laisser cristalliser pendant 10 heures. Décadrer* et chablonner* le dessus de chocolat de couverture noir 66 %. Dès que le chablonnage est cristallisé et avant qu'il ne durcisse, détailler à la guitare en forme de triangle de 22,5 mm de côté. Enrober de chocolat de couverture noir 66 %.

Method

Cook the sugar, glucose and cream to 106°C. Leave to cool to 40°C and add the melted chocolate, the melted cocoa butter, the Ouzo and the Marie Brizard. Leave to cool to 35°C and add the softened butter. Coat a sheet of cooking paper with 66% dark couverture chocolate at the correct temperature. Place a frame 8 mm thick on the coated sheet and leave to crystallise. Pour the resulting ganache into the frame and leave to crystallise for 10 hours. Remove from the frame and coat the top with 66% dark couverture chocolate. As soon as the coating has crystallised and before it hardens, form into a 22.5 mm-triangle shape with a guitar. Coat with 66% dark couverture chocolate.

Culinary choreography
Ballet of whisks and spatulas
The recipe evolves to the rhythm
Of music within

The artist sets the tone,
He who holds the handle
Wood or metal
Pipe or spoon

Chocolate mystery
Spread into perfect rounds
A culinary alchemy

Between man and matter

LENÔTRE

Confitures et gelées

L'art des confitures est né au Moyen-Orient et fut introduit en Europe par les Croisés après avoir ramené la canne à sucre et certains fruits encore inconnus.
Contrairement aux gelées où l'on n'utilise que le jus du fruit, les confitures sont réalisées à partir des fruits entiers ou en quartiers. La cuisson traditionnelle se fait dans un récipient en cuivre.

Jams and jellies

The art of jam-making was born in the Middle East and was introduced into Europe by the Crusaders after they had brought back cane sugar and certain fruits, unknown until then.
Unlike jellies, where only the fruit juice is used, jams are made from whole or quartered fruits. Traditionally, they are cooked in a copper pan.

Confiture d'abricots | Apricot jam

Ingrédients

1 000 g de sucre
350 g d'eau
1 000 g d'abricots
5 amandes blanches amères
3 g d'acide tartrique

Procédé

Dans une bassine en cuivre, faire cuire le sucre et l'eau à 125°C. Verser le sucre cuit sur les fruits (photo n° 1) et laisser reposer 24 heures. Le lendemain, égoutter les fruits et mettre le sirop à bouillir puis le verser de nouveau sur les fruits (photo n° 2). Laisser reposer de nouveau

Ingredients

1,000 g sugar
350 g water
1,000 g apricots
5 bitter white almonds
3 g tartaric acid

Method

In a copper basin, cook the sugar and the water to 125°C. Pour the cooked sugar onto the fruits (photo no. 1) and leave to rest for 24 hours. The next day, drain the fruits and put the syrup to boil then pour it onto the fruits again (photo no. 2). Leave to rest again for 24 hours. On the third day, cook

1 ▲

2 ▲

suite ▸▸▸

suite ▸▸▸ 24 heures. Le troisième jour, faire cuire le tout à 115°C avec 5 amandes blanches amères (photo n° 1).
À la fin de la cuisson (photo n° 2), ajouter 3 g d'acide tartrique. Verser immédiatement en pots de verre puis fermer avec un couvercle, retourner le pot pour bloquer l'air dans le bas du pot. Cette action ferme hermétiquement le pot en produisant une sorte de sous vide lorsque la confiture refroidit.

everything to 115°C with the 5 bitter white almonds (photo no. 1).
At the end of the cooking time (photo no. 2), add 3 g tartaric acid. Pour immediately into glass jars then close with a lid, turn the jar upside-down to block the air in the bottom of the jar. This action hermetically seals the jar by producing a vacuum-packed effect when the jam cools.

1 ▲

2 ▲

Confiture fraise/cannelle

Ingrédients

1 000 g de fraises
800 g de sucre cristal
4 bâtons de cannelle
3 g d'acide tartrique

Procédé

Laver les fruits, les équeuter, puis les cuire entiers dans une bassine en cuivre avec le sucre et les bâtons de cannelle, doucement pour bien extraire le jus et la pectine naturelle du fruit. Remuer délicatement. Écumer les impuretés et toute la mousse. Cuire jusqu'à 115°C ou 72 % Brix et ajouter l'acide tartrique. Verser immédiatement en pots de verre puis fermer avec un couvercle, retourner le pot pour bloquer l'air dans le bas du pot. Cette action ferme hermétiquement le pot en produisant une sorte de sous vide lorsque la confiture refroidit.

Strawberry/cinnamon jam

Ingredients

1,000 g strawberries
800 g granulated sugar
4 cinnamon sticks
3 g tartaric acid

Method

Wash the fruits, remove the stalks, then cook them whole in a copper basin with the sugar and the cinnamon sticks, gently so as to extract the juice and natural pectin from the fruit. Stir delicately. Skim off the impurities and all the foam. Cook to 115°C or 72% Brix and add the tartaric acid. Pour immediately into glass jars then close with a lid, turn the jar upside down to block the air in the bottom of the jar. This action hermetically seals the jar by producing a vacuum-packed effect when the jam cools.

Confiture rhubarbe/cassis

Ingrédients

1 000 g de rhubarbe
1 300 g de sucre
30 g de pectine
300 g de grains de cassis
2 g d'acide tartrique

Procédé

Laver, éplucher les tiges de rhubarbe et les couper en tronçons. Laver les grains de cassis. Mélanger le sucre et la pectine. Dans une bassine en cuivre, porter à ébullition la rhubarbe et les grains de cassis puis ajouter le sucre et la pectine. Écumer les impuretés et toute la mousse. Cuire à 116°C ou 73 % Brix. À la fin de la cuisson, ajouter l'acide tartrique. Verser immédiatement en pots de verre puis fermer avec un couvercle, retourner le pot pour bloquer l'air dans le bas du pot. Cette action ferme hermétiquement le pot en produisant une sorte de sous vide lorsque la confiture refroidit.

Rhubarb/blackcurrant jam

Ingredients

1,000 g rhubarb
1,300 g sugar
30 g pectin
300 g blackcurrants
2 g tartaric acid

Method

Wash and peel the rhubarb stems and cut into slices. Wash the blackcurrants. Mix the sugar and the pectin. In a copper basin, bring the rhubarb and blackcurrants to the boil then add the sugar and pectin. Skim off the impurities and all the foam. Cook to 116°C or 73% Brix. At the end of cooking, add the tartaric acid. Pour immediately into glass jars then close with a lid, turn the jar upside down to block the air in the bottom of the jar. This action hermetically seals the jar by producing a vacuum-packed effect when the jam cools.

Confiture tomate/citron vert

Ingrédients

800 g de tomate verte (ou rouge) épépinée et mondée
1 000 g de sucre cristal
zeste de 3 citrons verts
80 g de jus de citron vert
25 g de pectine
4 g d'acide tartrique

Procédé

Dans une bassine en cuivre, faire cuire la pulpe de tomate avec le zeste et le jus de citron. Ajouter le sucre et la pectine. Redonner une ébullition. Écumer les impuretés et toute la mousse. Faire cuire à 117°C ou 74 % Brix et ajouter l'acide tartrique. Verser immédiatement en pots de verre puis fermer avec un couvercle, retourner le pot pour bloquer l'air dans le bas du pot. Cette action ferme hermétiquement le pot en produisant une sorte de sous vide lorsque la confiture refroidit.

Tomato/lime jam

Ingredients

800 g green (or red) tomato, deseeded and skinned
1,000 g granulated sugar
rind of 3 limes
80 g lime juice
25 g pectin
4 g tartaric acid

Method

In a copper basin, cook the tomato pulp with the lime rind and juice. Add the sugar and the pectin. Bring back to the boil. Skim off the impurities and all the foam. Cook to 117°C or 74% Brix and add the tartaric acid. Pour immediately into glass jars then close with a lid, turn the jar upside down to block the air in the bottom of the jar. This action hermetically seals the jar by producing a vacuum-packed effect when the jam cools.

LENÔTRE
PARIS

Gelée de groseille

Ingrédients

1 000 g de jus de groseille ou 1 800 g de groseilles entières
1 000 g de sucre cristal
10 g d'acide citrique

Red currant jelly

Ingredients

1,000 g red currant juice or 1,800 g whole red currants
1,000 g granulated sugar
10 g citric acid

1 ▲

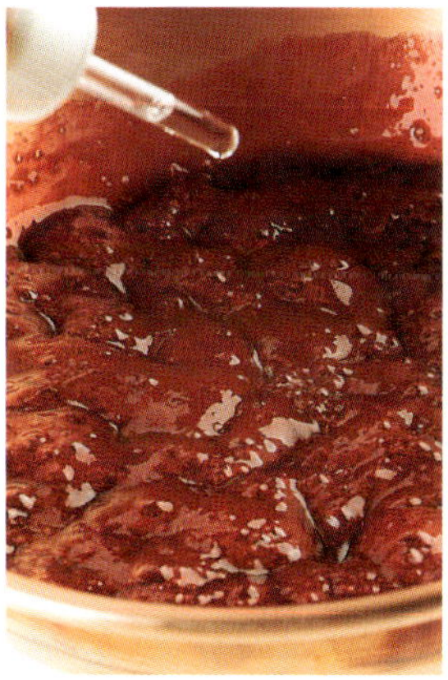

2 ▲

Procédé

Dans une bassine en cuivre, faire cuire les groseilles à feu doux pour extraire le jus et faire ressortir un maximum de pectine. Presser les fruits et en extraire 1 000 g de jus. Faire bouillir le jus, y ajouter le sucre cristal (photo n° 1) et refaire bouillir. Écumer les impuretés et toute la mousse. Faire cuire jusqu'à 117°C ou 75 % Brix puis ajouter l'acide citrique (photo n° 2). À l'aide d'une louche (photo n° 3), verser immédiatement en pots de verre puis fermer avec un couvercle, retourner le pot pour bloquer l'air dans le bas du pot. Cette action ferme hermétiquement le pot en produisant une sorte de sous vide lorsque la gelée refroidit.

Method

In a copper basin, cook the red currants over a low heat to extract the juice and release a maximum of pectin. Press the fruits and extract 1,000 g of juice. Boil the juice, add the granulated sugar (photo no. 1) and boil again. Skim off the impurities and all the foam. Cook to 117°C or 75 % Brix then add the citric acid (photo no. 2). Using a ladle (photo no. 3), pour immediately into glass jars then close with a lid, turn the jar upside down to block the air in the bottom of the jar. This action hermetically seals the jar by producing a vacuum-packed effect when the jam cools.

3 ▲

Gelée de pomme

Ingrédients

1 800 g de pommes (de préférence des pommes à chair ferme et légèrement acidulées, telles que les Granny Smith)
1 000 g de sucre cristal

Procédé

Faire cuire les pommes à feu doux jusqu'à ce qu'elles tombent en marmelade. Égoutter en pressant légèrement dans un tamis fin et récupérer 1 000 g de jus. Dans une bassine en cuivre, faire bouillir le jus, y ajouter le sucre cristal et refaire bouillir. Écumer les impuretés et toute la mousse. Cuire jusqu'à 116°C ou 73 % Brix. Verser immédiatement en pots de verre puis fermer avec un couvercle, retourner le pot pour bloquer l'air dans le bas du pot. Cette action ferme hermétiquement le pot en produisant une sorte de sous vide lorsque la gelée refroidit.

Apple jelly

Ingredients

1,800 g apples (preferably firm with a slightly acidic taste, such as Granny Smith)
1,000 g granulated sugar

Method

Cook the apples over low heat until they turn to a marmalade consistency. Drain by pressing lightly through a fine strainer and recover 1,000 g of juice. In a copper basin, boil the juice, add the granulated sugar and reboil. Skim off the impurities and all the foam. Cook to 116°C or 73% Brix. Pour immediately into glass jars then close with a lid, turn the jar upside down to block the air in the bottom of the jar. This action hermetically seals the jar by producing a vacuum-packed effect when the jam cools.

Plaisir du geste :
Étaler la confiture
Sur le pain ;
Faire du beurre
Un rival de premier choix,
Se laisser surprendre
Par les fruits méconnus
Et délaisser la fraise
Ne serait-ce qu'une fois...
Soleil du matin,
Compagne du pain,
La confiture est le suc
De nos journées tristes
De nos mois sans fruits...
Et sa saveur de rallier les palais les plus amers...

The simple pleasure of spreading jam on bread
Thus making of butter a choice rival.
Surprise and discovery of little known fruits
And abandoning, if only once, the humble strawberry.
Morning sunshine,
Companion of our daily bread,
Jam sweetens the dreary days
And fruitless months
To win over the bitterest of pallets.

Confiture poire/banane

Ingrédients

350 g d'eau
1 000 g de sucre cristal
1 000 de poires fraîches
80 g de bananes mûres
5 g d'acide tartrique

Procédé

Laver les poires, les équeuter. Faire cuire l'eau avec le sucre à 115°C et la verser sur les fruits dans une bassine en cuivre. Écumer les impuretés et toute la mousse. Faire recuire à 115°C ou 72 % Brix et ajouter l'acide tartrique. Verser immédiatement en pots de verre puis fermer avec un couvercle, retourner le pot pour bloquer l'air dans le bas du pot. Cette action ferme hermétiquement le pot en produisant une sorte de sous vide lorsque la confiture refroidit.

Pear/banana jam

Ingredients

350 g water
1,000 g granulated sugar
1,000 fresh pears
80 g ripe bananas
5 g tartaric acid

Method

Wash the pears, remove the stalks. Cook the water with the sugar to 115°C and pour onto the fruits in a copper basin. Skim off the impurities and all the foam. Recook to 115°C or 72% Brix and add the tartaric acid. Pour immediately into glass jars then close with a lid, turn the jar upside down to block the air in the bottom of the jar. This action hermetically seals the jar by producing a vacuum-packed effect when the jam cools.

Les entremets chocolat | Chocolate desserts

Le Longchamps | Longchamps

Composition

Mousse au chocolat
Sirop de framboise
Biscuit au chocolat sans farine
Gelée de framboise
Miroir framboise (voir Les Buffets sucrés, *p. 47)*
Finition : éventails de chocolat noir, boucles de chocolat blanc, quelques framboises fraîches, amandes hachées, sucre glace

Ingrédients de la mousse au chocolat

260 g de chocolat de couverture lait 36 %
250 g de chocolat de couverture noir 70 %
50 g de cacao pâte
300 g de beurre
500 g de blancs d'œufs
60 g de sucre semoule

Ingrédients du biscuit chocolat sans farine

720 g de blancs d'œufs
500 g de sucre semoule
480 g de jaunes d'œufs
250 g de sucre semoule
210 g de cacao en poudre

Ingrédients du sirop de framboise

1 000 g de framboises fraîches ou surgelées
300 g d'eau
300 g de sucre semoule

Composition

Chocolate mousse
Raspberry syrup
Flourless chocolate sponge
Raspberry jelly
Raspberry mirror (see Les Buffets sucrés, *P. 47)*
Finish: dark chocolate fans, white chocolate curls, a few fresh raspberries, chopped almonds, icing sugar

Ingredients for the chocolate mousse

260 g 36% milk couverture chocolate
250 g 70% dark couverture chocolate
50 g cocoa liquor
300 g butter
500 g egg whites
60 g caster sugar

Ingredients for the flourless chocolate sponge

720 g egg whites
500 g caster sugar
480 g egg yolks
250 g caster sugar
210 g cocoa powder

Ingredients for the raspberry syrup

1 000 g fresh or frozen raspberries
300 g water
300 g caster sugar

Ingrédients de la gelée de framboise

600 g de jus de framboise
20 g de gélatine en feuilles
100 g de sucre inverti

Procédé

Pour réaliser la mousse au chocolat, faire fondre les chocolats et le cacao pâte à 45°C et y ajouter le beurre à 35°C. Monter le tout au batteur pendant 3 min. Monter les blancs d'œufs en neige et les meringuer avec le sucre. Les ajouter au mélange de chocolats monté et mélanger rapidement.

Pour le biscuit au chocolat, monter les blancs d'œufs avec le sucre. Monter les jaunes d'œufs avec le sucre. Mélanger ces deux appareils montés et leur ajouter le cacao en poudre tamisé. Étaler sur plaques avec feuille de cuisson. Laisser cuire 15 min à 170°C. Après cuisson, glisser les feuilles de biscuit sur grille et réserver.

Chauffer tous les ingrédients du sirop au bain-marie jusqu'à cuisson des framboises (il

Ingredients for the raspberry jelly

600 g raspberry juice
20 g gelatin sheets
100 g invert sugar

Method

To make the chocolate mousse, melt the chocolates and the cocoa liquor at 45°C and add the butter at 35°C. Whisk it all in the beater for 3 min. Whisk the egg whites until stiff and create a meringue consistency with the sugar. Add them to the chocolates, rapidly whisked and mixed.

For the chocolate sponge, whisk the egg whites with the sugar. Whisk the egg yolks with the sugar. Combine the two whisked mixtures and add the sifted cocoa powder. Spread on sheets with some baking paper. Leave to cook for 15 min at 170°C. After cooking, slip the sponge sheets onto a rack and set aside.

Heat all the ingredients for the syrup in a bain-marie until the raspberries are cooked, (they must turn to a compote consistency),

suite ▸▸▸

suite ▶▶▶ faut qu'elles tombent en compote), puis filtrer le jus obtenu sans passer la pulpe dans le tamis.
Pour la gelée, hydrater la gélatine dans de l'eau froide, l'égoutter puis la faire fondre au bain-marie à 40°C. Y ajouter le jus de framboise puis le sucre inverti fondu.

then filter the resulting juice without putting the pulp through the sieve.
For the jelly, moisten the gelatin in the cold water, drain it then melt in a bain-marie at 40°C. Add the raspberry juice then the melted invert sugar.

Montage

Dans un cadre en inox de 40 x 60 cm et de 3,5 cm de hauteur, déposer une feuille de biscuit sans farine. La puncher avec du sirop de framboise. Étaler 700 g de mousse au chocolat et lisser. Passer 5 min au congélateur pour faire durcir la mousse chocolat, puis couler la gelée de framboise avant de remettre au congélateur pour faire prendre la gelée. Étaler de nouveau 700 g de mousse au chocolat, puis disposer une deuxième feuille de biscuit chocolat et la puncher avec du sirop de framboise. Ajouter une troisième fois 700 g de mousse chocolat, puis une feuille de biscuit. La puncher avec du sirop de framboise. Lisser au ras du cadre avec le reste de mousse au chocolat. Passer au froid, glacer avec le miroir framboise, décadrer, puis découper les entremets à la taille désirée.

Assembly

In a stainless steel frame 40 x 60 cm, 3.5 cm high, place a sheet of flourless sponge. Soak it in raspberry syrup. Spread 700 g of chocolate mousse and smooth. Put in the freezer for 5 min to harden the chocolate mousse, then pour on the raspberry jelly before putting it back in the freezer so that the jelly can set. Once again spread 700 g of chocolate mousse, then arrange a second sheet of chocolate sponge and soak in raspberry syrup. A third time, add 700 g chocolate mousse, then a sheet of sponge. Soak it in raspberry syrup. Smooth the chocolate mousse to the edge of the frame. Put in a cold place, ice with the raspberry mirror, remove from the frame, then cut the dessert to the desired size.

Finition

Disposer des éventails de chocolat noir sur le pourtour ainsi que sur le dessus où on peut rajouter des boucles de chocolat blanc, quelques framboises fraîches, des amandes hachées et du sucre glace.

Finish

Arrange dark chocolate fans around the edges and on the top, where white chocolate curls can be added along with a few fresh raspberries, chopped almonds and icing sugar.

Métamorphose d'un jour
Du sucre à la fleur,
N'est qu'un pas,
Celui de la façon

Qui apprivoise la masse,
Fabrique, découpe, chauffe,

Celui de la magie
Filtrant entre les doigts,
Du sucre blanc à tissu plus précieux
Du sucre inerte en pétales de vie

Momentary metamorphosis
The fine line twixt sugar and flower is
Divided only by creation

Tames, shapes, cuts, heats,
By magic,
Slipping through fingers
Sugar, perfection of virginal whiteness
Sugar, inert, yet breathing the very life
into petals

Le Bora-bora

Composition
Biscuit chocolat à la semoule de blé
Mousse chocolatine
Mousseline coco
Dés de mangue fraîche
Glaçage neutre (voir Les Buffets sucrés, *p. 48)*
Éclats et motifs de chocolat noir

Ingrédients du biscuit chocolat à la semoule de blé
520 g de lait entier
380 g d'œufs
100 g de sucre semoule
80 g de semoule fine de blé
80 g de cacao en poudre

Ingrédients de la mousse chocolatine
225 g de chocolat de couverture noir 58 %
540 g de crème fouettée
140 g de crème pâtissière (voir Les Buffets sucrés, *p. 29)*
45 g de Malibu

Ingrédients de la mousseline coco
10 g de gélatine en feuilles
125 g de lait de coco
400 g de crème pâtissière (voir Les Buffets sucrés, *p. 29)*
25 g de Malibu
70 g de beurre
260 g de crème fouettée

Bora-bora

Composition
Chocolate semolina sponge
Chocolatine mousse
Coconut mousseline
Fresh mango cubes
Neutral icing (see Les Buffets sucrés, *p. 48)*
Dark chocolate slivers and patterns

Ingredients for the chocolate semolina sponge
520 g whole milk
380 g eggs
100 g caster sugar
80 g fine wheat semolina
80 g cocoa powder

Ingredients for the chocolatine mousse
225 g 58% dark couverture chocolate
540 g whipped cream
140 g confectioner's cream (see Les Buffets sucrés, *p. 29)*
45 g Malibu

Ingredients for the coconut mousseline
10 g gelatin sheets
125 g coconut milk
400 g confectioner's cream (see Les Buffets sucrés, *p. 29)*
25 g Malibu
70 g butter
260 g whipped cream

Plaisir de couleurs
Rivalisant de légèreté
Il faut les goûter

Choisir un jaune rieur
Décapuchonner la tête moulée
Deviner l'arôme caché

Fantaisie de confiseur
Les sucettes séduisent en beauté
Envie délicate d'un parfum soigné

suite ▸▸▸

Procédé

Pour le biscuit chocolat à la semoule, faire bouillir le lait et y faire fondre le cacao. Ajouter la semoule et faire épaissir à feu doux et en remuant continuellement. Monter les œufs avec le sucre comme pour une génoise, puis mélanger les 2 appareils délicatement. Mouler dans des moules Flexipan® de diamètre désiré et de 1 cm d'épaisseur ; cuire à 160°C pendant 10 à 12 min. Laisser refroidir avant de démouler. Réserver.
Pour réaliser la mousse chocolatine, faire fondre le chocolat de couverture à 45°C, le détendre avec un peu de crème fouettée pour obtenir la texture d'une ganache. Ajouter la crème pâtissière préalablement lissée au fouet, puis l'alcool et, délicatement, le reste de crème fouettée. Veiller à ce que le mélange soit parfaitement homogène. Réserver.
Couper les 4 belles mangues en gros dés. Réserver.
Pour réaliser la mousseline de coco, faire ramollir la gélatine dans de l'eau froide, l'égoutter, puis la faire fondre dans le lait de coco chaud. Lisser la crème pâtissière avec l'alcool et y ajouter le lait de coco gélifié. Ajouter le beurre fondu froid, puis la crème fouettée. Réserver.

Method

For the chocolate semolina sponge, boil the milk and melt the chocolate in it. Add the semolina and thicken over low heat, stirring constantly. Whisk the eggs and sugar as you would for a "genois" sponge cake then combine the 2 mixtures delicately. Mould in Flexipan® moulds of the desired diameter and 1 cm thick; cook to 160°C for 10 to 12 min. Leave to cool before removing from the mould. Set aside.
To make the chocolatine mousse, melt the couverture chocolate to 45°C, soften it with a little whipped cream to produce the texture of a ganache. Add the confectioner's cream, pre-smoothed with a whisk, then the alcohol and, delicately, the rest of the whipped cream. Ensure that the mixture is perfectly honogeneous. Set aside.
Cut 4 good mangoes into cubes. Set aside.
To make the coconut mousseline, soften the gelatin in the cold water, drain, then melt in the hot coconut milk. Smooth the confectioner's cream with the alcohol and add the gelled coconut. Add the cold melted butter, then the whipped cream. Set aside.

Montage

Dans des cercles de 4,5 cm de hauteur, disposer une bande de rhodoïd, puis chemiser l'intérieur avec de la mousseline coco. Disposer un fond de biscuit chocolat à la semoule. Dresser à la poche une épaisseur de mousse chocolatine, puis répartir les dés de mangues. Disposer un second biscuit, puis relisser jusqu'au ras du cercle de mousseline coco. Passer au froid.

Assembly

In rings 4.5 cm high, place a rhodoid strip, then line the interior with coconut mousseline. Lay down a chocolate semolina sponge base. Pipe out one layer of chocolatine mousse, then distribute mango cubes on top. Lay down a second layer of sponge, then again smooth coconut mousseline to the edge of the ring. Put in a cold place.

Finition

Saupoudrer très légèrement le dessus de cacao poudre puis glacer avec de la gelée neutre. Décercler, retirer la bande de rhodoïd, puis disposer des éclats de chocolat noir tout autour. Le dessus est décoré de boucles en chocolat.

Finish

Sprinkle the top very lightly with cocoa powder then ice with neutral jelly. Remove from the ring, take off the rhodoid strip, then arrange slivers of dark chocolate all around. The top is decorated with chocolate patterns.

Festival of colour
Rivalry of rainbow lightness
Taste

Choose bright yellow,
Unmask the contours from tip to toe
And guess the subtle flavour hidden within

Confectioner's fantasy
Seductive, exquisite
These lollipops arouse a sudden desire
To discover luscious savours

Blanc Satin aux fruits

Recette pour 9 tartes Ø 16 cm
Recette élaborée par Philippe Bertrand

Composition

Crème légère Blanc Satin
Crème fondante vanille Blanc Satin
Pâte sablée
Framboises ou autre garniture (voir p. 76)

Ingrédients de la crème légère Blanc Satin

500 g de lait U.H.T
1 gousse de vanille fendue
60 g de jaunes d'œufs
40 g de sucre semoule
50 g de poudre à crème
5 feuilles de gélatine
300 g de Blanc Satin *en pistoles*

Ingrédients de la meringue au sucre cuit

250 g de blancs d'œufs mousseux
25 g de sucre semoule
150 g de sucre cuit

Ingrédients de la crème fondante vanille Blanc Satin

1 425 g de lait U.H.T
3 gousses de vanille fendues
60 g de sucre semoule
120 g de jaunes d'œufs
105 g de poudre à crème
18 g de vanille liquide
450 g de Blanc Satin *en pistoles*

Procédé

Pour la crème légère Blanc Satin, faire bouillir le lait avec la gousse de vanille fendue. Faire mousser ensemble les jaunes d'œufs, le sucre semoule et la poudre à crème. Verser $^1/_3$ de lait et mélanger. Remettre à bouillir 1 min avec le lait restant. Rajouter les feuilles de gélatine préalablement ramollies dans l'eau froide. Verser l'appareil sur Blanc Satin en pistoles fondues à 25°C. Pour la meringue au sucre, monter les blancs d'œufs. Les serrer avec le sucre semoule. En 3e vitesse, verser le sucre cuit à 123°C. Laisser refroidir à 35°C et rajouter la crème légère dans la meringue. Couler en cercle de ø 12 cm (9 cercles). Mettre au surgélateur.
Pour la crème fondante vanille Blanc Satin, faire bouillir le lait avec les gousses de vanille fendues. Faire mousser ensemble le sucre semoule, les jaunes d'œufs, la poudre à crème et la vanille liquide. Verser $^1/_3$ du lait et mélanger. Remettre à bouillir 1 min avec le lait restant. Verser sur Blanc Satin en pistoles fondues à 25°C.

Montage

Garnir à la poche (douille n° 6) le fond de pâte sablée préalablement cuit d'une première couche de crème fondante vanille Blanc Satin. Déposer les framboises. Compléter à niveau d'une deuxième couche de crème fondante. Déposer le disque de crème légère Blanc Satin surgelé et caramélisé au fer, napper (nappage incolore).

Blanc Satin with fruits

Recipe for 9 tarts Ø 16 cm
Recipe created by Philippe Bertrand

Composition

Blanc Satin light cream
Blanc Satin vanilla fondant cream
Sablé pastry
Raspberries or other garnish (see p. 76)

Ingredients for the Blanc Satin light cream

500 g U.H.T. milk
1 split vanilla pod
60 g egg yolks
40 g caster sugar
50 g cream powder
5 gelatin sheets
300 g Blanc Satin *in "pistoles"*

Ingredients for the meringue with cooked sugar

250 g foamy egg whites
25 g caster sugar
150 g cooked sugar

Ingredients for the Blanc Satin vanilla fondant cream

1 425 g U.H.T. milk
3 split vanilla pods
60 g caster sugar
120 g egg yolks
105 g cream powder
18 g liquid vanilla
450 g Blanc Satin *in "pistoles"*

Method

For the Blanc Satin light cream, boil the milk with the split vanilla pod. Beat the egg yolks, caster sugar and cream powder together until foamy. Pour in $^1/_3$ of the milk and mix. Put back to boil for 1 min with the remaining milk. Add the gelatin sheets, pre-softened in cold water. Pour the mixture onto the Blanc Satin in "pistoles" melted at 25°C. For the sugar meringue, whip the egg whites. Mix them with the caster sugar. At speed 3, pour on the cooked sugar at 123°C. Leave to cool to 35°C and add the light cream to the meringue. Pour into a ring with ø 12 cm (9 rings). Place in the freezer.
For the Blanc Satin vanilla fondant cream, boil the milk with the split vanilla pods. Beat the caster sugar, egg yolks, cream powder and liquid vanilla together until foamy. Pour in $^1/_3$ of the milk and mix. Put back to boil for 1 min with the remaining milk. Pour onto Blanc Satin in "pistoles" melted at 25°C.

Assembly

Using an icing bag (nozzle no. 6) fill the pre-cooked sablé pastry bottom with a first layer of Blanc Satin vanilla cream fondant. Arrange the raspberries. Complete with a second layer of fondant cream. Arrange the disc of frozen Blanc Satin light cream, caramelised with a carameliser, and coat (colourless coating).

suite ▸▸▸

suite ▸▸▸

Suggestions de garnitures

Ingrédients d'une garniture ananas/groseilles
250 g d'ananas en gelée
50 g de kirsch à 40°C
250 g de groseilles
220 g de gelée de pomme ou de nappage

Procédé
Poêler pendant 3 min l'ananas en dés avec le kirsch. Laisser refroidir, puis ajouter les groseilles. Bien égoutter et rajouter la gelée de pomme ou du nappage.

Ingrédients d'une garniture cerises/cassis
200 g de cassis
160 g de cerises
40 g d'extrait d'alcool de cerise à 50°C
150 g de gelée pomme ou nappage
20 g de pistaches mondées et concassées

Garnish suggestions

Pineapple/red currant garnish ingredients
250 g pineapples in jelly
50 g kirsch at 40°C
250 g red currants
220 g apple jelly or coating

Method
Fry the diced pineapple for 3 min with kirsch. Leave to cool, then add the red currants. Drain well and add the apple jelly or coating

Cherry/blackcurrant garnish ingredients
200 g blackcurrant
160 g cherries
40 g 50°C cherry alcohol extract
150 g apple jelly or coating
20 g pistachios blanched and ground

Procédé
Mélanger le cassis, les cerises et l'extrait d'alcool de cassis. Rajouter la gelée de pomme ou le nappage. Bien égoutter.

Ingrédients d'une garniture pommes/abricots
300 g de pommes en dés
50 g de sucre semoule
200 g d'abricots émincés
100 g de gelée de pomme ou nappage

Procédé
Poêler pendant 5 min, les pommes en dés avec le sucre semoule. Laisser refroidir. Ensuite, ajouter les abricots émincés, bien égouttés. Rajouter la gelée de pomme ou le nappage.

Method
Mix the blackcurrant, cherries and blackcurrant alcohol extract. Add the apple jelly or coating. Drain well.

Apple/apricot garnish ingredients
300 g diced apples
50 g caster sugar
200 g thinly sliced apricots
100 g apple jelly or coating

Method
Fry the diced apples and caster sugar for 5 min. Leave to cool. Next, add the thinly sliced apricots, well drained. Add the apple jelly or coating.

L'Intense | Intense

Composition
Succès chocolat noisette
Parfait chocolat
Crème brûlée aux agrumes
Biscuit amandes incrusté (voir Les Buffets sucrés, *p. 23)*
Glaçage chocolat (voir Les Buffets sucrés, *p. 48)*
Finitions : glaçage chocolat, quelques pointes de feuilles d'or, éventails en chocolat, disque de chocolat de couleur.

Ingrédients du succès chocolat/noisette
260 g de blancs d'œufs
260 g de tant-pour-tant noisette
40 g de lait
200 g de sucre semoule
25 g de cacao en poudre
80 g de sucre semoule

Ingrédients du parfait chocolat
120 g de lait
150 g de jaunes d'œufs
50 g de sucre semoule
200 g de chocolat de couverture 70 %
3 g de gélatine en feuille
250 g de crème fouettée

Ingrédients de la crème brûlée aux agrumes
375 g de crème liquide
1/2 gousse de vanille
zeste d'1 orange haché très fin
80 g de jaunes d'œufs
75 g de sucre semoule
60 g de jus d'orange
60 g de jus de citron vert

Procédé
Pour réaliser le succès chocolat/noisette, monter les blancs d'œufs avec le sucre. Y ajouter le tant-pour-tant noisette tamisé avec le cacao et les 200 g de sucre semoule, puis le lait et mélanger délicatement. Dresser* à la poche en disque de la taille désirée sur une plaque avec feuille de papier cuisson. Faire cuire à 130°C pendant 1 h 30. Après cuisson, faire glisser sur plaque et réserver.
Pour le parfait au chocolat, faire d'abord chauffer le lait. Ensuite, blanchir les jaunes d'œufs avec le sucre. Verser le lait sur les jaunes blanchis, puis pocher à 85°C. Ajouter le chocolat de couverture 70 % haché et la gélatine hydratée. Faire refroidir à 31°C et ajouter la crème fouettée. Réserver.
Pour réaliser la crème brûlée aux agrumes, faire chauffer la crème liquide et faire une infusion avec la gousse de vanille et le zeste d'orange. Blanchir* les jaunes avec le sucre et leur ajouter les jus d'orange et de citron vert ainsi que la crème infusée et refroidie. Chinoiser*, laisser reposer au moins 4 heures au réfrigérateur, puis mouler dans des moules Flexipan®, de diamètre désiré et de 1 cm de hauteur. Cuire sur grille à 100°C au four ventilé pendant 40 min. Laisser refroidir, congeler.

Montage
Chemiser des cercles de 4,5 cm de hauteur (diamètre désiré) avec du rhodoïd puis une bande,

Composition
Chocolate-hazelnut Succès
Chocolate Parfait
Citrus crème brûlée
Encrusted almond sponge (see Les Buffets sucrés, *p. 23)*
Chocolate icing (see Les Buffets sucrés, *p. 48)*
Finishes: chocolate icing, a few gold leaf flakes, chocolate fans, disc of coloured chocolate.

Ingredients for the chocolate/hazelnut Succès
260 g egg whites
260 g equal mix ground hazelnuts/icing sugar
40 g milk
200 g caster sugar
25 g cocoa powder
80 g caster sugar

Ingredients for the chocolate Parfait
120 g milk
150 g egg yolks
50 g caster sugar
200 g 70% couverture chocolate
3 g gelatin sheets
250 g whipped cream

Ingredients for the citrus crème brûlée
375 g liquid cream
1/2 vanilla pod
rind of 1 orange, finely chopped
80 g egg yolks
75 g caster sugar
60 g orange juice
60 g lime juice

Method
To make the chocolate/hazelnut Succès, whisk the egg whites with the sugar. Add the equal mixture of hazelnuts/icing sugar sifted with sugar, then the milk, and mix delicately. Pipe out into a disc of the desired size on a sheet with some cooking paper. Cook to 130°C for one and a half hours. After cooking, slip onto a non-stick baking sheet and set aside.
For the chocolate parfait, first heat the milk. Next, mix the egg yolks with the sugar until white. Pour the milk onto the whitened yolks, then poach at 85°C. Add the chopped 70% couverture chocolate and the hydrated gelatin. Cool to 31°C and add the whipped cream. Set aside.
To make the citrus crème brûlée, heat the liquid cream and make an infusion with the vanilla pod and the orange rind. Mix the yolks with the sugar until white and add some orange and lime juice along with the infused, cooled cream. Put through a chinois, leave to rest for at least 4 hours in the refrigerator, then mould in Flexipan® moulds of the desired diameter and 1 cm high. Cook on a rack at 100°C in a ventilated oven for 40 min. Leave to cool, freeze.

Assembly
Line rings 4.5 cm in height (desired diameter) with a rhodoid sheet, then a strip of encrusted almond sponge 4 cm high. Place a

suite ▸▸▸

de 4 cm de hauteur, de biscuit amande incrusté. Déposer dans le fond un disque de succès. À l'aide d'une poche, garnir de parfait chocolat 1 cm environ de hauteur, puis insérer le palet de crème brûlée encore congelé. Disposer un deuxième fond de succès, puis lisser au ras du cercle avec le parfait chocolat. Passer au froid.

Finition

Glacer avec un glaçage chocolat. Disposer quelques pointes de feuille d'or, quelques éventails en chocolat et un disque de chocolat de couleur.

disc of "Succès" in the bottom. Pipe out chocolate parfait to a height of around 1 cm, then insert the still-frozen disc of crème brûlée. Apply a second layer of Succès, then smooth the chocolate parfait to the edge of the ring. Put in a cold place.

Finish

Ice with chocolate icing. Arrange some gold leaf flakes, a few chocolate fans and a disc of coloured chocolate.

Le Mayorque | Mayorque

Composition

Macaronade à la noisette
Mousse au chocolat
Crème cuite au chocolat
Mousseline à la pistache
Glaçage chocolat (voir Les Buffets sucrés, *p. 48)*
Macarons (pour le décor) (voir Les Buffets sucrés, *p. 55)*
Finitions : macarons, fils de chocolat noir, pointes de feuille d'or, pistaches hachées

Ingrédients de la macaronade à la noisette

750 g d'amandes en poudre fine
1 000 g de sucre semoule
100 g de pâte de noisettes
360 g de blancs d'œufs frais
150 g de noisettes concassées
450 g de blancs d'œufs
125 g de sucre semoule

Ingrédients de la mousse au chocolat

500 g de crème liquide
650 g de chocolat de couverture 58 %
400 g de beurre
160 g de cacao pure pâte
330 g de blancs d'œufs
60 g de sucre
300 g de sucre
100 g d'eau

Ingrédients de la crème cuite au chocolat

14 g de gélatine en feuille
240 g de lait entier
80 g de jaunes d'œufs
40 g de sucre semoule
750 g de crème liquide
120 g de chocolat de couverture noir 70 %

Ingrédients de la mousseline pistache

400 g de crème pâtissière
250 g de beurre
60 g de pâte de pistache
20 g de rhum agricole à 55°
250 g de tant-pour-tant amande

Procédé

Pour réaliser la macaronade à la noisette, au mixeur, mélanger les amandes en poudre, le sucre semoule et ajouter la pâte de noisettes et les

Composition

Hazelnut macaronade
Chocolate mousse
Chocolate cooked cream
Pistachio mousseline
Chocolate icing (see Les Buffets sucrés, *p. 48)*
Macaroons (for the decoration) (see Les Buffets sucrés, *p. 55)*
Finishes: macaroons, dark chocolate threads, gold leaf flakes, chopped pistachios

Ingredients for the hazelnut macaronade

750 g finely ground almonds
1 000 g caster sugar
100 g hazelnut paste
360 g fresh egg whites
150 g crushed hazelnuts
450 g egg whites
125 g caster sugar

Ingredients for the chocolate mousse

500 g liquid cream
650 g 58% couverture chocolate
400 g butter
160 g pure cocoa liquor
330 g egg whites
60 g sugar
300 g sugar
100 g water

Ingredients for the chocolate cooked cream

14 g gelatin sheets
240 g whole milk
80 g egg yolks
40 g caster sugar
750 g liquid cream
120 g 70% dark couverture chocolate

Ingredients for the pistachio mousseline

400 g confectioner's cream
250 g butter
60 g pistachio paste
20 g 55° agricultural rum
250 g equal mix ground almonds/icing sugar

Method

To make the hazelnut macaronade, in the mixer, mix the ground almonds, the caster sugar and add the hazelnut paste and the 360 g of raw egg

suite ▸▸▸

suite ▶▶▶ 360 g de blancs d'œufs crus. Mixer jusqu'à la consistance d'une pâte d'amande.
Monter les blancs d'œufs, puis les meringuer avec le sucre semoule. Mélanger les deux masses délicatement et les dresser à la poche. Faire cuire sur plaque au four à 180°C pendant 15 min. Laisser refroidir, puis décoller lorsque la macaronade est bien froide. Réserver.
Pour réaliser la mousse au chocolat, faire une ganache en versant la crème bouillante sur le chocolat râpé. Ajouter le beurre en pommade*, puis le cacao pâte fondu. Monter les blancs d'œufs et les meringuer avec les 60 g de sucre. Faire cuire le sucre et l'eau à 124°C et le verser sur les blancs montés. Faire refroidir la meringue à 35°C et la mélanger à la ganache refroidie à 34°C. Le mélange doit être homogène et bien lisse. Réserver.
Pour la crème cuite au chocolat, ramollir la gélatine dans l'eau froide, l'égoutter et la faire fondre dans le lait chaud. Blanchir les jaunes avec le sucre, puis leur ajouter la crème liquide, le lait gélifié et le chocolat fondu à 50°C. Mélanger l'ensemble, chinoiser et laisser reposer 2 heures au réfrigérateur. Mouler dans les moules Flexipan®, de diamètre désiré et de 1 cm de hauteur. Faire cuire sur grille au four ventilé à 130°C pendant 20 min. Laisser refroidir, puis réserver au congélateur.
Pour réaliser la mousseline à la pistache, lisser la crème pâtissière, ajouter le beurre en pommade, puis la pâte de pistaches et monter au batteur. Ajouter le rhum tempéré, puis le tant-pour-tant. Faire monter au batteur encore 2 min. Étaler dans des chablons de diamètre désiré et de 5 mm de hauteur et mettre au congélateur.

whites. Mix until it reaches the consistency of almond paste.
Whisk the egg whites, then create a meringue consistency with the caster sugar. Combine the two mixtures delicately and pipe them out. Cook on a sheet in the oven at 180°C for 15 min. Leave to cool, then unstick when the macaronade is really cold. Set aside.
To make the chocolate mousse, make a ganache by pouring the boiling cream onto the grated chocolate. Add the softened butter, then the melted cocoa paste. Whisk the egg whites and create a meringue consistency with the 60 g of sugar. Cook the sugar and the water to 124°C and pour onto the whisked whites. Cool the meringue to 35°C and mix it into the ganache cooled to 34°C. The mixture should be homogeneous and very smooth. Set aside.
For the chocolate cooked cream, soften the gelatin in the cold water, drain it and melt it in the hot milk. Mix the yolks with the sugar until white, then add the liquid cream, the gelled milk and the melted chocolate at 50°C. Mix together, put through a chinois and leave to rest for 2 hours in the refrigerator. Mould in Flexipan® moulds of the desired diameter and 1 cm high. Cook on a rack in a ventilated oven at 130°C for 20 min. Leave to cool, then set aside in the freezer.
To make the pistachio mousseline, smooth the confectioner's cream, add the softened butter then the pistachio paste, and whisk in the beater. Add the tempered rum, then the equal mixture of icing sugar/almonds. Whisk in the beater for another 2 min. Spread into stencils of the desired diameter and 5 mm high and place in the freezer.

Montage

Chemiser* des cercles de 4,5 cm de hauteur et de diamètre désiré. Déposer un fond de macaronade à la noisette, puis dresser à la poche une fine couche de mousse au chocolat. Poser le palet congelé de mousseline à la pistache et dresser une deuxième fine couche de mousse au chocolat. Disposer le palet de crème cuite au chocolat, encore congelé, puis lisser au ras du cercle avec de la mousse au chocolat. Passer au froid.

Assembly

Line rings 4.5 cm high and of the desired diameter. Apply a layer of hazelnut macaronade, then pipe out a thin layer of chocolate mousse. Place the frozen disc of pistachio mousseline and pipe out a second thin layer of chocolate mousse. Arrange the disc of chocolate cooked cream, still frozen, then smooth chocolate mousse to the edge of the ring. Put in a cold place.

Finition

Décercler* et glacer entièrement avec du glaçage chocolat. Décorer le tour de l'entremets avec de petits macarons : en disposer 5 sur le dessus, puis les agrémenter de fils de chocolat noir. Disposer quelques pointes de feuille d'or et quelques pistaches hachées très fin.

Finish

Remove from the ring and ice entirely with chocolate icing. Decorate the edges of the dessert with small macaroons; arrange 5 on the top, then decorate with dark chocolate threads. Arrange a few gold leaf flakes and a few very finely chopped pistachios.

Les fruits confits

Pour réussir un beau fruit confit, le blanchiment et le confisage sont les deux opérations primordiales.

Candied fruits

To create attractive candied fruit, blanching and candying are the two crucial operations.

Choix et préparation des fruits

Après avoir choisi des fruits pas trop mûrs, sans tache et sans défaut, les couper (photo n° 1), les peler (photo n° 2), les éplucher ou les zester selon le type de fruit choisi.

Exemple

Poires : la peau est enlevée après blanchiment
Ananas : éplucher et tronçonner en rondelles avant blanchiment
Citrons, oranges : zester entièrement avant blanchiment

Choice and preparation of the fruits

After choosing fruits that are not too ripe and that are faultless without any marks, cut them up (photo no. 1), skin (photo no. 2), peel, or remove the rind, according to the type of fruit chosen.

Example

Pears: the skin is removed after blanching
Pineapple: peel and cut into round slices before blanching
Lemons, oranges: remove the rind completely before blanching

Blanchiment

Le blanchiment (photo n° 3) est l'opération qui fait ou non la réussite du fruit confit : il consiste à plonger les fruits dans de l'eau salée chaude sans la faire bouillir. Les fruits doivent devenir suffisamment mous, sans se déformer ou s'écraser. Le blanchiment a pour but d'attendrir l'intérieur du fruit et de favoriser la pénétration du sirop. Les fruits sont

Blanching

Blanching (photo no. 3) is the "make or break" operation when it comes to making good candied fruit: it consists in plunging the fruits in hot salty water without boiling it. The fruits must become soft enough, without becoming deformed or crushed. The aim of blanching is to soften the inside of the fruit and help the syrup to penetrate. The fruits are then cooled

1 ▲

2 ▲

3 ▲

suite ▸▸▸

suite ▶▶▶

ensuite refroidis dans des eaux froides successives. Des fruits racornis et de vilaine couleur n'auront pas été assez blanchis. Des fruits qui tombent en marmelade auront été trop blanchis.

in cold water several times. Fruits that are shrivelled or ugly in colour have not been blanched enough. Fruits that turn to a marmalade consistency have been over-blanched.

Confisage

Lorsque les fruits sont suffisamment blanchis, ils sont plongés 6 jours de suite dans un sirop de réfraction, ou densité, de plus en plus élevée en sucre (photos n° 1 et 2), ce qui permet de chasser progressivement l'eau contenue dans les fruits et de la remplacer par le sirop.
Il ne faut pas confire les fruits dans un sirop trop concentré (fermentation et racornissement) et espacer les dernières opérations afin que le sirop, devenant plus épais, puisse pénétrer au cœur du fruit.

Candying

When the fruits have been blanched sufficiently, they are plunged for 6 days in a row into a syrup with a refraction, or density, with increasing sugar content (photos no. 1 and 2), which enables the water contained in the fruits to be gradually removed and replaced by the syrup.
Fruits should not be candied in a syrup that is too concentrated (fermentation and shrivelling) and the final operations should be spaced out so that the syrup, as it becomes thicker, can penetrate into the heart of the fruit.

1 ▲

2 ▲

3 ▲

Jour	Brix réfractomètre	Pèse-sirop	Baumé	Recette du sirop	Procédé
1er jour	36 %	1 160	20°B	5 kg de sucre + 3 l d'eau	- Faire bouillir l'eau et le sucre, puis régler à la densité voulue (photo n° 3). Plonger immédiatement les fruits blanchis. Laisser macérer 24 h à température ambiante.
2e jour	40 %	1 179	22°B	Ajouter 500 g de sucre	- Égoutter les fruits. Récupérer le sirop et le faire bouillir à nouveau en ajoutant 500 g de sucre et régler à la densité indiquée (photo n° 3). Remettre les fruits et laisser macérer à température ambiante jusqu'au lendemain (photo n° 1, p. 86).
3e jour	47 %	1 220	26°B	Ajouter 500 g de sucre	- idem
4e jour	51 %	1 260	28°B	Ajouter 500 g de sucre	- idem
5e jour	59 %	1 331	30°B	Ajouter 500 g de sucre	- idem
6e jour	71 %		36°B	Récupérer 5 000 g de sirop et ajouter 1 000 g de glucose	- Égoutter les fruits. Récupérer 5 000 g de sirop et ajouter 1 000 g de glucose. Y replonger les fruits et stocker en bocaux hermétiques au réfrigérateur.

suite ▶▶▶

suite▸▸▸

Day	Brix refractometer	Syrup density meter	Baumé	Sirup recipe	Method
1st day	36 %	1 160	20°B	5 kg sugar + 3 l water	- Boil the water and the sugar, then adjust to the desired density (photo no. 3). Immediately plunge the blanched fruits. Leave to soak for 24 hours at room temperature.
2nd day	40 %	1 179	22°B	Add 500 g sugar	- Drain the fruits. Recuperate the syrup and boil it again by adding 500 g of sugar and adjust to the density indicated (photo no. 3, p. 85). Put the fruits back and leave to soak at room temperature until the next day (photo no. 1).
3rd day	47 %	1 220	26°B	Add 500 g sugar	- repeat
4th day	51 %	1 260	28°B	Add 500 g sugar	- repeat
5th day	59 %	1 331	30°B	Add 500 g sugar	-repeat
6th day	71 %		36°B	Collect 5 000 g syrup and add 1 000 g glucose	- Drain the fruits. Recover 5,000 g of syrup and add 1,000 g of glucose. Replunge the fruits and store in airtight jars in the refrigerator.

1 ▲

Glaçage

Pour rendre les fruits confits plus attrayants, on peut les glacer. Le glaçage permet de sécher les fruits et de leur donner un bel aspect.

Ingrédients

2 000 g de sucre
800 g d'eau

Procédé

Égoutter les fruits au sirop pendant 24 h sur une grille. Faire cuire l'eau et le sucre à 115/118°C. Verser les fruits dans le sucre cuit et faire chauffer sans recuire. Laisser reposer quelques instants, puis amorcer doucement la cristallisation du sirop de sucre en frottant et remuant le sirop et les fruits avec une spatule. Lorsque le sirop commence à blanchir*, saisir les fruits avec une fourchette et les déposer sur une grille.

Icing

To make the candied fruits more attractive, they can be iced. Icing helps to dry out the fruits and give them an attractive appearance.

Ingredients

2,000 g sugar
800 g water

Method

Drain the fruits in syrup for 24 hours on a rack. Cook the water and sugar to 115/118°C. Pour the fruits into the cooked sugar and heat them without recooking. Leave to rest for a few moments, then gently begin the crystallisation of the sugar syrup by rubbing and stirring the syrup and the fruits with a spatula. When the syrup begins to whiten, take out the fruits with a fork and place on a rack.

Chocolat blanc/cerise | White-cherry chocolate

Chocolat blanc /cerise

Moules cerises (colis n° 14)
Recette pour 2 plaques
crée par Philippe Bertrand

Ingrédients

140 g de crème UHT
10 g de sorbitol liquide
*25 g de **Pâte d'amande 66 %***
*260 g de **Blanc Satin***
25 g de jus de griottine
1/2 griottine

Procédé

Faire bouillir la crème, le sorbitol, la pâte d'amande. Verser sur Blanc Satin. Ajouter le jus de griottine. Au moment de garnir, ajouter une demi-griottine au centre du bonbon.

White-cherry chocolate

Cherry moulds (parcel no. 14)
Recipe for 2 sheets
created by Philippe Bertrand

Ingredients

140 g UHT cream
10 g liquid sorbitol
*25 g **Pâte d'amande 66%***
(66% almond paste)
*260 g **Blanc Satin***
25 g Morello cherry juice
1/2 Morello cherry

Method

Boil the cream, the sorbitol, the almond paste. Pour onto the Blanc Satin. Add the Morello cherry juice. When garnishing, add half a Morello cherry to the centre of the sweet.

Caramel fraise

Moules petits cœurs (colis n° 4)
Recette pour 4 plaques
crée par Philippe Bertrand

Ingrédients

100 g de sucre semoule
200 g de pulpe de fraise
50 g de glucose
25 g de beurre frais
*125 g de couverture lactée **Élysée Lenôtre***
*15 g de **Beurre de cacao***

Procédé

Faire un caramel blond avec le sucre semoule. Décuire avec la pulpe de fraise, le glucose et le beurre. Dans le caramel à 50°C, ajouter Élysée Lenôtre lactée puis Beurre de cacao.

Strawberry caramel

Little heart moulds (parcel no. 4)
Recipe for 4 sheets
created by Philippe Bertrand

Ingredients

100 g caster sugar
200 g strawberry pulp
50 g glucose
25 g fresh butter
*125 g **Élysée Lenôtre** milky couverture*
*15 g **Beurre de cacao***
(cocoa butter)

Method

Make a light caramel using caster sugar. Add the strawberry pulp, glucose and butter to stop the cooking process. In the 50°C caramel, add the milky Élysée Lenôtre then cocoa butter (Beurre de cacao).

Caramel fraise | Strawberry caramel

Les marrons glacés

Ingrédients

Q.S. de marrons au sirop
1 000 g de fondant pâtissier
200 à 300 g de sirop de la boîte de marrons
ou de sirop à 60 % (recette p. 48)

Glacé chestnuts

Ingredients

S.Q. chestnuts in syrup
1,000 g confectioner's fondant
200 to 300 g syrup from the can of chestnuts
or 60% syrup (recipe p. 48)

1 ▲

2 ▲

3 ▲

4 ▲

Procédé

Mettre les marrons à égoutter sur une grille (photo n° 1) pendant 1 heure. Préchauffer le four à 40°C et y passer les marrons environ 15 min. Réaliser le glaçage (photo n° 2) en chauffant le sirop et le fondant à 48/50°C (81 % Brix). Tremper les marrons dans le glaçage (photo n° 3) Les poser ensuite sur une grille avec une plaque aluminium dessous (photo n° 4). Les passer au four à 180°C jusqu'à ce qu'apparaisse un « perlage » du glaçage sur la plaque ou sur la grille. Sortir immédiatement les marrons et les laisser refroidir et croûter.

Method

Place the chestnuts to drain on a rack (photo no. 1) for 1 hour. Pre-heat the oven to 40°C and put the chestnuts in it for 15 min. Make the icing (photo no. 2) heating the syrup and the fondant to 48/50°C (81% Brix). Soak the chestnuts in the icing (photo no. 3). Next place them on a rack with an aluminum sheet underneath (photo no. 4). Put them in the oven at 180°C until the icing develops a "pearly" appearance on the sheet or on the rack. Immediately take the chestnuts out and leave to cool and crust.

Si le glaçage masse :
- le four est trop chaud
- les marrons sont restés trop longtemps dans le four

Si le marron colle une fois refroidi :
- Le temps de passage au four est trop court

Il faut absolument rester devant le four pendant le glaçage

If the icing masses:
- the oven is too hot
- the chestnuts stayed in for too long in the oven

If the chestnut sticks once cooled:
- It was not left in the oven for long enough

You must stay in front of the oven while icing is taking place.

Les pralinés

Les pralinés représentent généralement 50 % des ventes en chocolaterie. Leurs saveurs très caractéristiques, dues à l'emploi de produits nobles comme les amandes et les noisettes, justifient leur succès. La fabrication de son praliné crée un goût propre à une maison, reconnaissable comme sa signature. La texture des bonbons pralinés, à la fois douce et craquante est un atout supplémentaire. En outre, leur conservation, meilleure que celle des ganaches, limite les pertes et permet d'anticiper les productions importantes.

Pralinés

Pralinés usually account for 50% of chocolate sales. Their very characteristic flavours, due to the use of noble products such as almonds and hazelnuts, justify their success. The way a praliné is made creates a specific taste for each company, recognisable as its trademark. The texture of praliné chocolates, both soft and crunchy, is a further asset. What is more, their shelf life, which is better than that of ganaches, limits losses and allows for large-scale productions.

Le Pistachier

Composition

Gianduja nougatine
Ganache pistache

Ingrédients du gianduja nougatine

75 g de beurre de cacao
100 g de chocolat de couverture lait 36 %
500 g de duja amande noisette (recette p. 47, t. 1)
150 g de nougatine pilée

Ingrédients de la ganache pistache

150 g de crème liquide
35 g de pâte de pistache
600 g de chocolat de couverture ivoire
35 g de beurre

Procédé

Pour réaliser le gianduja, faire fondre le beurre de cacao et le chocolat de couverture lait 36 %. Les mélanger au duja et faire chauffer à 40°C. Tabler* l'ensemble et le mettre à point à 30°C.

Pistachier

Composition

Nougatine gianduja
Pistachio ganache

Ingredients for the nougatine gianduja

75 g cocoa butter
100 g 36% milk couverture chocolate
500 g hazelnut-almond duja (recipe p. 47, vol. 1)
150 g crushed nougatine

Ingredients for the pistachio ganache

150 g liquid cream
35 g pistachio paste
600 g ivory couverture chocolate
35 g butter

Method

To make the gianduja, melt the cocoa butter and the 36% milk couverture chocolate. Mix them with the duja and heat to 40°C. Work the mixture to a temperature of 30°C. Add the

suite ▸▸▸

suite ▶▶▶

1 ▲

2 ▲

3 ▲

Ajouter la nougatine pilée (photo n° 1). Chablonner une feuille de papier cuisson de chocolat de couverture noir 66 % à point. Poser un cadre de 6 mm d'épaisseur et laisser cristalliser. Couler* la masse dans le cadre, la lisser au ras à l'aide d'une règle (photo n° 2) et la laisser cristalliser pendant 1 heure.

Pour la ganache, faire bouillir la crème et la pâte de pistache. Verser sur la couverture hachée finement. Mélanger et lisser à la spatule. Refroidir à 30°C et ajouter le beurre en pommade*. Sur le gianduja nougatine cristallisé, disposer un deuxième cadre de 6 mm d'épaisseur et y couler la ganache pistache. Lisser à l'aide d'une règle ou d'une palette (photo n° 2) et laisser cristalliser pendant 10 heures. Décadrer* et chablonner* avec du chocolat de couverture noir 66 %. Dès que le chablonnage est cristallisé et avant qu'il ne durcisse, détailler à la guitare 17 x 30 mm. Enrober de chocolat de couverture noir 66 % (photo n° 3). Décorer de 2 pistaches vernies en diagonale (photo n° 4).

crushed nougatine (photo no. 1). Coat a sheet of cooking paper with a fine layer of 66% dark couverture chocolate at the correct working temperature. Place a frame 6 mm thick and leave to crystallise. Pour the mass into the frame (photo no. 2), smooth it to the edge using a ruler and leave to crystallise for 1 hour.

For the ganache, boil the cream and the pistachio paste. Pour onto the finely chopped couverture. Mix and smooth with a spatula. Cool to 30°C and add the softened butter. On the crystallised nougatine gianduja, place a second frame 6 mm thick and pour the pistachio ganache onto it.

Smooth with a ruler or palette knife (photo no. 2) and leave to crystallise for 10 hours. Remove from the frame and coat with 66% dark couverture chocolate. As soon as the coating has crystallised and before it hardens, shape with a guitar to 17 x 30 mm. Coat with 66% dark couverture chocolate (photo no. 3). Decorate with 2 varnished pistachios placed diagonally (photo no. 4).

4 ▲

Le Valencia café

Ingrédients

160 g de chocolat de couverture lait 36 %
100 g de beurre de cacao
1 000 g de praliné amande (recette p. 47, t. 1)
25 g de pâte moka (recette p. 50, t. 1)

Procédé

Faire fondre le chocolat de couverture lait 36 % et le beurre de cacao à 45°C. Y ajouter le praliné et la pâte moka et bien mélanger. Tabler* et mettre à point à 30°C. Chablonner* une feuille de papier cuisson avec du chocolat de couverture noir 66 % à point. Poser un cadre de 8 mm d'épaisseur sur la feuille chablonnée et laisser cristalliser. Abaisser la masse pralinée dans le cadre, lisser à l'aide d'une règle et laisser cristalliser pendant 5 heures. Décadrer* et chablonner* le dessus de chocolat de couverture noir 66 %. Dès que le chablonnage est cristallisé et avant qu'il ne durcisse, détailler à la guitare 22,5 x 22,5 mm (photo n° 5). Enrober de chocolat de couverture noir 66 % (photo n° 6) et rayer, avec un cornet très fin, de chocolat de couverture lait 36 % puis marquer à la fourchette.

Coffee valencia

Ingredients

160 g 36% milk couverture chocolate
100 g cocoa butter
1,000 g almond praliné (recipe p. 47, vol. 1)
25 g mocha paste (recipe p. 50, vol. 1)

Method

Melt the 36% milk couverture chocolate and the cocoa butter to 45°C. Add the praliné and the mocha paste and mix well. Work to a temperature of 30°C. Coat a sheet of cooking paper with a fine layer of 66% dark couverture chocolate at the correct temperature. Place a frame 8 mm thick on the coated sheet and leave to crystallise. Roll out the praliné mixture in the frame, smooth with a ruler and leave to crystallise for 5 hours. Remove from the frame and coat the top with a fine layer of 66% dark couverture chocolate. As soon as the coating has crystallised and before it hardens, shape with a guitar to 22.5 x 22.5 mm (photo no.5). Coat with 66% dark couverture chocolate (photo no.6) and, using a very fine icing bag, draw on stripes of 36% milk couverture chocolate then mark with a fork.

5 ▲

6 ▲

Le Zébré

Composition

Gianduja clair
Gianduja fondant
Gianduja pistache

Ingrédient du gianduja clair

1 340 g de duja (recette p. 47, t. 1)
200 g de beurre cacao
65 g de chocolat de couverture lait 36 %

Ingrédients pour le gianduja fondant

670 g de duja (recette p. 47, t. 1)
65 g de beurre de cacao
85 g de cacao pure pâte

Ingrédients pour le gianduja pistache

300 g de duja (recette p. 47, t. 1)
70 g de beurre de cacao
40 g de pâte de pistache
15 g d'huile de soja

Zebra

Composition

Light gianduja
Fondant gianduja
Pistachio gianduja

Ingredients for the light gianduja

1,340 g duja (recipe p. 47, vol. 1)
200 g cocoa butter
65 g 36% milk couverture chocolate

Ingredients for the fondant gianduja

670 g duja (recipe p. 47, vol. 1)
65 g cocoa butter
85 g pure cocoa liquor

Ingredients for the pistachio gianduja

300 g duja (recipe p. 47, vol. 1)
70 g cocoa butter
40 g pistachio paste
15 g soya oil

suite ▶▶▶

suite ▶▶▶

Procédé

Pour réaliser le giandjura clair, faire fondre le beurre de cacao et le chocolat de couverture lait 36 %. Les ajouter au duja, mélanger et faire chauffer l'ensemble à 45°C. Tabler* et mettre à point à 30°C.
Pour le gianduja fondant, faire fondre le beurre de cacao et le cacao pure pâte. Les ajouter au duja, mélanger et faire chauffer l'ensemble à 45°C. Tabler* et mettre à point* à 32°C.
Pour le giandura à la pistache, faire fondre* le beurre de cacao et l'ajouter au duja, mélanger et faire chauffer l'ensemble à 40°C. Tabler* et mettre à point* à 30°C. Ajouter la pâte de pistache préalablement détendue avec l'huile de soja.

Montage

Chablonner* une feuille de papier cuisson avec du chocolat de couverture à point. Y déposer un cadre de 3 mm d'épaisseur et laisser cristalliser. Abaisser du gianduja clair dans le cadre et lisser à ras (photo n° 1). Laisser cristalliser 30 min. Ajouter un second cadre de 3 mm sur le premier. Y abaisser du gianduja fondant et lisser à ras (photo n° 2). Laisser cristalliser 30 min. Répéter ces opérations en respectant l'ordre suivant : gianduja clair, gianduja fondant, gianduja clair, gianduja pistache (photo n° 3), gianduja clair (photo n° 4), gianduja fondant, gianduja clair. Laisser cristalliser le tout 5 heures. Décadrer, chablonner et laisser cristalliser. Dès que le chablonnage est cristallisé et avant qu'il ne durcisse, détailler à la guitare 15 x 37,5 mm (photo n° 5). Enrober partiellement avec du chocolat de couverture noir 66 % (photo n° 6).

Method

To make the light gianduja, melt the cocoa butter and the 36% milk couverture chocolate. Add them to the duja, combine and heat the whole mixture to 45°C. Work to a temperature of 30°C.
For the fondant gianduja, melt the cocoa butter and the pure cocoa liquor. Add them to the duja, combine and heat the whole mixture to 45°C. Work to a temperature of 32°C.
For the pistachio giandura, melt the cocoa butter and add it to the duja, combine and heat the whole mixture to 40°C. Work to a temperature of 30°C. Add the pistachio paste, first softened with the soya oil.

Assembly

Coat a sheet of cooking paper with couverture chocolate at the correct working temperature. Place a frame 3 mm thick on top of this and leave to crystallise. Roll out some light gianduja in the frame and smooth to the edges (photo no. 1). Leave to crystallise for 30 min. Add a second frame 3 mm thick to the first. Roll out some fondant gianduja in it and smooth to the edges (photo no. 2). Leave to crystallise for 30 min. Repeat these operations respecting the following order: light gianduja, fondant gianduja, light gianduja, pistachio gianduja (photo no. 3), light gianduja (photo no. 4), fondant gianduja, light gianduja. Leave the whole thing to crystallise for 5 hours. Remove from the frame, coat and leave to crystallise. When the coating has crystallised and before it hardens, shape with a guitar to 15 x 37.5 mm (photo no. 5). Partially coat with 66% dark couverture chocolate (photo no. 6).

1 ▲

2 ▲

3 ▲

4 ▲

5 ▲

6 ▲

Le Sésame

Ingrédients

150 g de beurre de cacao
150 g de chocolat de couverture lait 36 %
560 g de pâte de sésame
440 g de praliné noisette (recette p. 48, t. 1)
Q.S. de graines de sésame entières légèrement grillées

Procédé

Mélanger le praliné avec la pâte de sésame. Ajouter le beurre de cacao et le chocolat de couverture fondus. Faire chauffer l'ensemble à 45°C. Tabler* et mettre* à point à 30°C. Chablonner* une feuille de papier cuisson de chocolat de couverture noir 66 % à point. Poser un cadre de 8 mm d'épaisseur sur la feuille chablonnée et laisser cristalliser. Abaisser la masse pralinée dans le cadre, lisser à l'aide d'une règle et laisser cristalliser pendant 5 heures. Décadrer et chablonner le dessus de chocolat de couverture noir 66 %. Dès que le chablonnage est cristallisé et avant qu'il ne durcisse, détailler à la guitare 22,5 x 22,5 cm. Enrober de chocolat de couverture noir 66 % et décorer de 4 traits de fourchette.

Sesame

Ingredients

150 g cocoa butter
150 g 36% milk couverture chocolate
560 g sesame paste
440 g hazelnut praliné (recipe p. 48, vol. 1)
S.Q. lightly toasted whole sesame seeds

Method

Mix the praliné with the sesame paste. Add the melted cocoa butter and couverture chocolate. Heat the mixture to 45°C. Work to a temperature of 30°C. Coat a sheet of cooking paper with a fine layer of 66% dark couverture chocolate at the correct working temperature. Place a frame 8 mm thick on the coated sheet and leave to crystallise. Roll out the praliné mass in the frame, smooth with the help of a ruler and leave to crystallise for 5 hours. Remove from the frame and coat the top with 66% dark couverture chocolate. As soon as the coating has crystallised and before it hardens, shape with a guitar to 22.5 x 22.5 cm. Coat with 66% dark couverture chocolate and decorate with 4 lines made with a fork.

Le chocolat est une parure
Habille les formes les plus modestes
Camoufle les imperfections

Le chocolat provoque les surprises
Force la patience jusqu'à la première bouchée
Suscite le secret de la composition

Le chocolat est un masque enchanteur
Déguisement d'opéra
Moment chocolaté de fascination

Chocolate, the fabric that
Enrobes the simplest of forms
Covering imperfections

Chocolate, provocateur of surprises
Testing patience to the limit
Arousing curiosity to unveil the secret of its composition

Chocolate, the enchanter's mask
An opera costume
A sweet moment brimming with fascination

LENÔTRE
PARIS

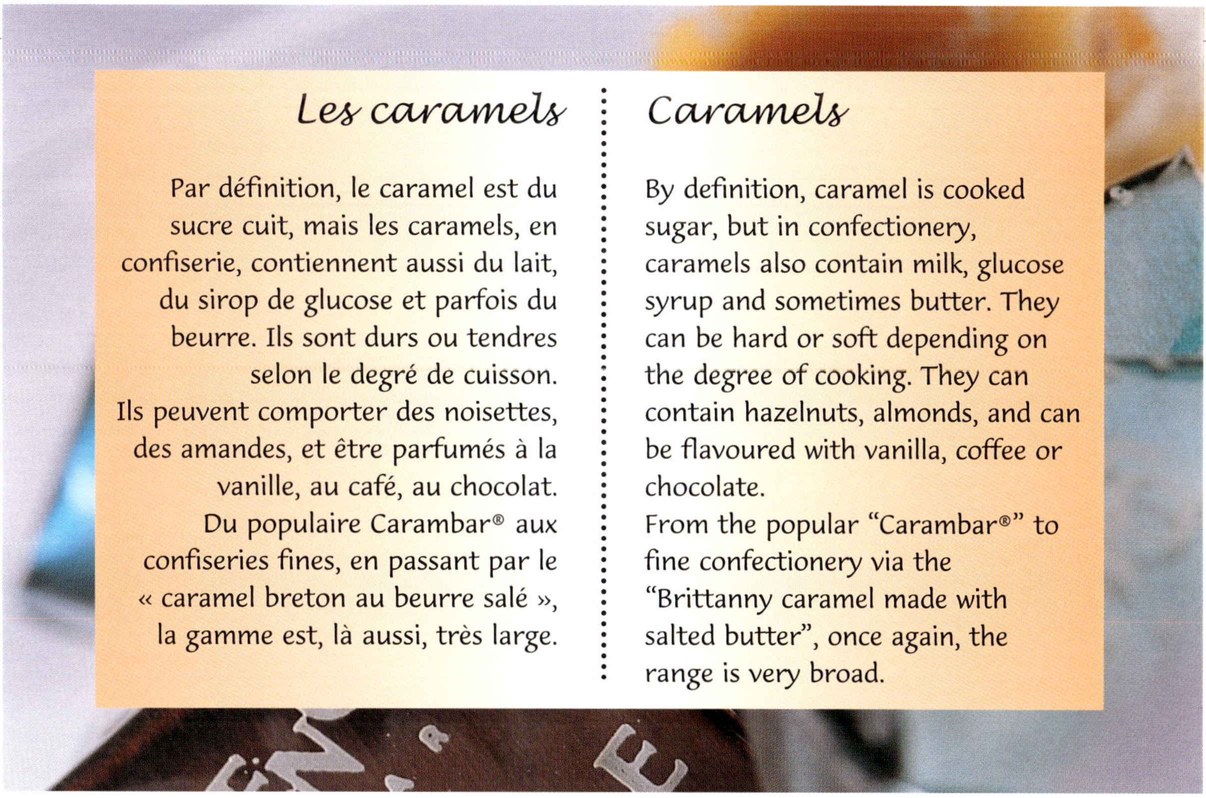

Les caramels

Par définition, le caramel est du sucre cuit, mais les caramels, en confiserie, contiennent aussi du lait, du sirop de glucose et parfois du beurre. Ils sont durs ou tendres selon le degré de cuisson.
Ils peuvent comporter des noisettes, des amandes, et être parfumés à la vanille, au café, au chocolat.
Du populaire Carambar® aux confiseries fines, en passant par le « caramel breton au beurre salé », la gamme est, là aussi, très large.

Caramels

By definition, caramel is cooked sugar, but in confectionery, caramels also contain milk, glucose syrup and sometimes butter. They can be hard or soft depending on the degree of cooking. They can contain hazelnuts, almonds, and can be flavoured with vanilla, coffee or chocolate.
From the popular "Carambar®" to fine confectionery via the "Brittanny caramel made with salted butter", once again, the range is very broad.

Le caramel vanille

Ingrédients

375 g de sucre semoule
300 g de glucose
75 g d'eau
3 gousses de vanille
50 g de beurre salé
50 g de miel de lavande
500 g de crème liquide

Procédé

Faire cuire le sucre, le glucose et l'eau à 145°C. Faire chauffer la crème avec la vanille jusqu'à ébullition. Décuire* le sucre avec le beurre salé, le miel, puis la crème liquide bouillante (photo n° 1) (pour éviter de descendre la température du sucre en dessous de 110°C, verser la crème en deux ou trois fois). Remuer vivement avec une spatule lors des mélanges. Faire

Vanilla caramel

Ingredients

375 g caster sugar
300 g glucose
75 g water
3 vanilla pods
50 g salted butter
50 g lavender honey
500 g liquid cream

Method

Cook the sugar, glucose and water to 145°C. Heat the cream with the vanilla until boiling point. Stop the sugar cooking by adding the salted butter, the honey, then the boiling liquid cream (photo no. 1) (to prevent the temperature of the sugar from dropping below 110°C, pour on the cream in two or three stages). Stir briskly with a spatula when mixing. Recook the mixture to

1 ▲

suite ▶▶▶

suite ▸▸▸ recuire l'ensemble à 121°C. Couler l'appareil dans un cadre inox de 1 cm d'épaisseur sur une feuille de cuisson Exopat® (photo n° 1). Laisser refroidir (photo n° 2), marquer avec un découpoir à caramel (photo n° 3) et couper en carrés de 3 cm x 3 cm (photo n° 4), puis emballer chaque caramel individuellement.

121°C. Pour it into a stainless steel frame 1 cm thick on an Exopat® cooking sheet (photo no. 1). Leave to cool (photo no. 2), mark with a caramel cutter (photo no. 3) and cut into squares 3 x 3 cm (photo no. 4), then wrap each caramel individually.

1 ▲

2 ▲

3 ▲

4 ▲

Le caramel chocolat | Chocolate caramel

Ingrédients
650 g de sucre semoule
65 g de glucose cristal
150 g d'eau
400 g de crème liquide
1 gousse de vanille
1 g de bicarbonate de soude
1 g de sel fin
275 g de beurre
200 g de pâte de cacao

Procédé
Faire cuire le sucre, le glucose et l'eau à 145°C. Faire chauffer la crème avec la vanille, le bicarbonate et le sel jusqu'à ébullition. Décuire* le sucre avec le beurre, puis la crème liquide bouillante (pour éviter de descendre la température du sucre en dessous de 110°C, verser la crème en deux ou trois fois). Remuer vivement avec une spatule lors des mélanges. Incorporer la pâte de cacao. Faire recuire l'ensemble à 118°C. Couler* l'appareil dans un cadre de 1 cm de hauteur sur une feuille de cuisson Exopat®. Laisser refroidir, marquer à l'aide d'un découpoir à caramel et couper en carrés de 3 cm x 3 cm (photos n° 3 et 4), puis emballer chaque caramel individuellement.

Ingredients
650 g caster sugar
65 g crystal glucose
150 g water
400 g liquid cream
1 vanilla pod
1 g bicarbonate of soda
1 g fine salt
275 g butter
200 g cocoa liquor

Method
Cook the sugar, the glucose and the water to 145°C. Heat the cream with the vanilla, the bicarbonate and the salt until boiling. Stop the sugar cooking by adding the butter, then the boiling liquid cream (to prevent the temperature of the sugar from dropping below 110°C, pour on the cream in two or three stages). Stir briskly with a spatula when mixing. Incorporate the cocoa liquor. Recook everything to 118°C. Pour the mixture into a frame 1 cm high on an Exopat® cooking sheet. Leave to cool, mark using a caramel cutter and cut into squares 3 x 3 cm (photos no. 3 and 4), then wrap each caramel individually.

Le caramel gingembre/citron/orange

Ingrédients

75 g de sucre cristal
35 g de glucose
20 g d'eau
100 g de crème liquide
35 g de gingembre confit haché
zeste de 3 citrons verts
zestes de 3 oranges
10 g de beurre
10 g de sucre inverti
45 g de jus de citron vert
45 g de jus d'orange
10 g de beurre de cacao

Procédé

Faire cuire le sucre, le glucose et l'eau à 145°C. Faire chauffer la crème avec les zestes et le gingembre jusqu'à ébullition. Décuire* le sucre avec le beurre, le sucre inverti, puis la crème liquide bouillante et les jus chauds (pour éviter de descendre la température du sucre en dessous de 110°C, verser la crème et les jus en deux ou trois fois). Remuer vivement avec une spatule lors des mélanges. Faire recuire l'ensemble à 118°C. Ajouter le beurre de cacao. Couler* l'appareil dans un cadre inox de 1 cm d'épaisseur sur une feuille de cuisson Exopat®. Laisser refroidir et couper en carré de 3 cm x 3 cm, puis emballer chaque caramel individuellement.

Ginger/lemon/orange caramel

Ingredients

75 g granulated sugar
35 g glucose
20 g water
100 g liquid cream
35 g chopped candied ginger
rinds of 3 limes
rinds of 3 oranges
10 g butter
45 g lime juice
10 g invert sugar
45 g orange juice
10 g cocoa butter

Method

Cook the sugar, the glucose and the water to 145°C. Heat the cream with the rinds and the ginger until boiling. Stop the sugar cooking by adding the butter, the invert sugar, then the boiling liquid cream and the hot juices (to prevent the temperature of the sugar from dropping below 110°C, pour on the cream and the juices in two or three stages). Stir briskly with a spatula when mixing. Recook everything to 118°C. Add the cocoa butter. Pour the mixture into a stainless steel frame 1 cm thick on an Exopat® cooking sheet. Leave to cool and cut into squares 3 cm x 3 cm, then wrap each caramel individually.

Toffee

Ingrédients

550 g de sucre
250 g de glucose
655 g de lait concentré
25 g de nougat sec
3 gousses de vanille
125 g de beurre salé

Procédé

Faire cuire le sucre et le glucose à 190°C. Faire chauffer le lait concentré avec les gousses de vanille et le nougat sec jusqu'à ébullition. Décuire* le sucre avec le beurre salé puis avec le lait concentré bouillant (pour éviter de descendre la température du sucre en dessous de 114°C, verser la crème en deux ou trois fois). Remuer vivement avec une spatule lors des mélanges. Faire recuire l'ensemble à 122°C. Couler* dans un entonnoir à piston préalablement chauffé au four à 80°C, puis couler dans un moule Flexipan®. Laisser refroidir avant de démouler. Conserver en boîte hermétique.

Toffee

Ingredients

550 g sugar
250 g glucose
655 g condensed milk
25 g dry nougat
3 vanilla pods
125 g salted butter

Method

Cook the sugar and the glucose to 190°C. Heat the condensed milk with the vanilla pods and the dry nougat to boiling point. Stop the sugar cooking by adding the salted butter then the boiling condensed milk (to prevent the temperature of the sugar from dropping below 114°C, pour on the cream in two or three stages). Stir briskly with a spatula when mixing. Recook everything to 122°C. Pour into a piston funnel, pre-heated in the oven to 80°C, then pour into a Flexipan® mould. Leave to cool before removing from the mould. Keep in an airtight can.

Le caramel pistache

Ingrédients

175 g de sucre semoule
40 g d'eau
150 g de glucose
250 g de crème liquide
15 g de beurre salé
25 g de miel de sapin
40 g de beurre de cacao
60 g de pâte de pistache

Procédé

Faire cuire le sucre, le glucose et l'eau à 148°C. Faire chauffer la crème jusqu'à ébullition. Décuire* le sucre avec le beurre salé, le miel, puis la crème liquide bouillante (pour éviter de descendre la température du sucre en dessous de 110°C, verser la crème en deux ou trois fois). Remuer vivement avec une spatule lors des mélanges. Faire recuire l'ensemble à 121°C. Incorporer le beurre de cacao (photo n° 1) et la pâte de pistache. Couler l'appareil dans un moule souple en Flexipan®. Laisser refroidir, démouler puis emballer chaque caramel individuellement.

Pistachio caramel

Ingredients

175 g caster sugar
40 g water
150 g glucose
250 g liquid cream
15 g salted butter
25 g pine honey
40 g cocoa butter
60 g pistachio paste

Method

Cook the sugar, the glucose and the water to 148°C. Heat the cream until boiling. Stop the sugar cooking by adding the salted butter, the honey, then the boiling liquid cream (to prevent the temperature of the sugar from dropping below 110°C, pour on the cream in two or three stages). Stir briskly with a spatula when mixing. Recook the mixture to 121°C. Incorporate the cocoa butter (photo no. 1) and the pistachio paste. Pour the mixture into a soft Flexipan® mould. Leave to cool, remove from the mould, then wrap each caramel individually.

1 ▲

CARAMEL

Ça colle, ça glisse
Aux saveurs de vanille ou de gingembre
Rudoie les gencives
Au moyen de miel, de noisettes, d'amandes
Mélange malicieux irrésistible,
Eventail de sucres parfumés
Ludique, emballé au carré
Le caramel

CARAMEL

Curiously smooth, silky
A subtle aroma of vanilla or ginger
Rolling playfully around tongue and teeth
Alliance of honey, hazelnut, almond
Malicious mixture, irresistible
Elaboration of sweet fragrances
Laughable, so squarely dressed to kill !
The caramel

Les liqueurs

Une liqueur est formée d'une paroi plus ou moins épaisse, constituée de cristaux de sucre soudés les uns aux autres par cristallisation, enfermant de façon étanche un sirop liquide alcoolisé appelé « liqueur ».
Ces liqueurs sont préparées à partir d'une solution non saturée de sucre à chaud qui, par refroidissement, devient saturée. Dans cette solution saturée, l'excédent de sucre se cristallise et on assiste à la formation de la croûte de sucre. Lorsque tout l'excédent de sucre est cristallisé dans la solution, on obtient une solution équilibrée qui reste à l'état liquide et constitue la liqueur.

Liqueurs

A liqueur is formed from sides of varying thicknesses, made up of sugar crystals bonded through crystallisation, enclosing an alcoholic liquid syrup known as a "liqueur".
These liqueurs are prepared from a non-saturated solution of hot sugar which, on cooling, becomes saturated. In this saturated solution, the extra sugar crystallises and a sugar crust forms. When all the excess sugar has crystallised in the solution, a balanced solution is obtained which remains in a liquid state and constitutes the liqueur.

Principe de base pour les liqueurs

50 g de sucre par degré d'alcool :
Soit, pour 1 litre d'alcool à 50° :
50° x 50 g = 2 500 g de sucre
+ 1 250 g d'eau, le tout cuit à 116°C
ou
pour 1 litre d'alcool à 45° :
45° x 50 g = 2 250 g de sucre
+ 1 125 g d'eau, le tout cuit à 116°C

Procédé

Faire cuire l'eau et le sucre à 116°C. Débarrasser dans un cul-de-poule. Y verser l'alcool (photo n° 1, p. 106), mélanger, remettre dans le poêlon puis transvaser de nouveau dans le cul-de-poule (photo n° 2, p. 106). Renouveler l'opération 3 fois (active et permet de maîtriser la cristallisation pour l'obtention d'une croûte de sucre relativement fine mais solide). À l'aide

Basic principle for liqueurs

50 g sugar per degree of alcohol:
i.e. for 1 litre of alcohol at 50°:
50° x 50 g = 2,500 g sugar
+ 1,250 g water, cooked together to 116°C
or
for 1 litre alcohol at 45°:
45° x 50 g = 2,250 g sugar
+ 1,125 g water, cooked together to 116°C

Method

Cook the water and the sugar to 116°C. Transfer to a large basin. Pour the alcohol into this (photo no. 1, p. 106), mix, put back in the pan then decant back into the large basin (photo no. 2, p. 106). Repeat this operation 3 times (activates and helps control crystallisation so as to obtain a sugar crust that is relatively fine but solid). Using a piston

suite ▸▸▸

1 ▲

2 ▲

3 ▲

4 ▲

d'un entonnoir à piston (photo n° 3), couler la liqueur dans un coffret d'amidon chaud préalablement marqué à l'empreinte. Tamiser le dessus des liqueurs avec de l'amidon chaud (photo n° 4), puis laisser cristalliser 3 heures. Couvrir le coffret à amidon d'un couvercle, puis retourner l'ensemble. Laisser cristalliser encore 10 heures puis prélever délicatement les liqueurs de l'amidon, les brosser doucement à l'aide d'un pinceau et les réserver.

funnel (photo no. 3), pour the liqueur into a hot starch box first marked with an imprint. Sift hot starch over the top of the liqueurs (photo no. 4), then leave to crystallise for 3 hours. Cover the starch box with a lid, then put upside down. Leave to crystallise for another 10 hours then remove the liqueurs delicately from the starch, brush them gently and set aside.

Liqueur irlandaise

Ingrédients

150 g de café moulu
1 200 g d'eau
1 000 g de sucre
500 g de whisky à 40°

Procédé

Faire une infusion avec l'eau et le café. Chinoiser*, contrôler le poids à 1 200 g en ajoutant éventuellement de l'eau. Faire cuire l'infusion et le sucre à 117°C. Débarrasser* dans un cul-de-poule. Y verser l'alcool, mélanger, remettre dans le poêlon puis transvaser de nouveau dans le cul-de-poule. Renouveler l'opération 3 fois (active et permet de maîtriser la cristallisation pour l'obtention d'une croûte de sucre relativement fine mais solide). À l'aide d'un entonnoir à piston, couler la liqueur dans un coffret d'amidon chaud préalablement marquée à l'empreinte. Tamiser le dessus des liqueurs avec de l'amidon chaud, puis laisser cristalliser 3 heures. Couvrir le coffret à amidon d'un couvercle, puis retourner l'ensemble. Laisser cristalliser encore 10 heures puis prélever délicatement les liqueurs de l'amidon, les brosser doucement à l'aide d'un pinceau et les réserver.

Finitions

Enrober les liqueurs de chocolat de couverture 64 % ou les candir. Pour une finition chocolat, on les emballe généralement dans du papier d'aluminium coloré.

Irish liqueur

Ingredients

150 g ground coffee
1 200 g water
1 000 g sugar
500 g 40° whisky

Method

Prepare an infusion with the water and coffee. Strain through a chinois, bring the weight to 1,200 g, possibly adding water. Cook the infusion and the sugar to 117°C. Transfer to a large basin. Pour on the alcohol, mix, put back in the pan then decant back into the large basin. Repeat this operation 3 times (activates and helps control crystallisation to obtain a relatively fine but solid sugar crust). Using a piston funnel, pour the liqueur into a hot starch box first marked with an imprint. Sift hot starch over the top of the liqueurs, then leave to crystallise for 3 hours. Cover the starch box with a lid, then put upside down. Leave to crystallise for another 10 hours then remove the liqueurs delicately from the starch, brush them gently and set aside.

Finishes

Coat the liqueurs with 64% couverture chocolate or candy them. For a chocolate finish, they are usually wrapped in coloured aluminium paper.

Liqueur à la framboise

Ingrédients

1 000 g de sucre cristal
400 g d'eau
200 g d'eau-de-vie de framboise à 60°
ou 300 g d'eau-de-vie à 40°

Procédé

Faire cuire l'eau et le sucre à 116°C. Débarrasser* dans un cul-de-poule. Y verser l'alcool, mélanger, remettre dans le poêlon puis transvaser de nouveau dans le cul-de-poule. Renouveler l'opération 3 fois (active et permet de maîtriser la cristallisation pour l'obtention d'une croûte de sucre relativement fine mais solide). À l'aide d'un entonnoir à piston, couler la liqueur dans un coffret d'amidon chaud préalablement marqué à l'empreinte. Tamiser le dessus des liqueurs avec de l'amidon chaud, puis laisser cristalliser 3 heures. Couvrir le coffret à amidon d'un couvercle, puis retourner l'ensemble. Laisser cristalliser encore 10 heures puis prélever délicatement les liqueurs de l'amidon, les brosser doucement à l'aide d'un pinceau et les réserver.

Raspberry liqueur

Ingredients

1,000 g granulated sugar
400 g water
200 g 60° raspberry brandy
or
300 g 40° brandy

Method

Cook the water and the sugar to 116°C. Transfer into a large basin. Pour on the alcohol, mix, put back in the pan then decant back into the large basin. Repeat this operation 3 times (activates and helps control crystallisation to obtain a relatively fine but solid sugar crust). Using a piston funnel, pour the liqueur into a hot starch box first marked with an imprint. Sift hot starch over the top of the liqueurs, then leave to crystallise for 3 hours. Cover the starch box with a lid, then put upside down. Leave to crystallise for another 10 hours then remove the liqueurs delicately from the starch, brush them gently and set aside.

Candi

Ingrédients

2 500 g de sucre
1 000 g d'eau

Procédé de première méthode

Faire cuire le sucre et l'eau à 106°C ou 74 % Brix ou 34° Baumé. Laisser reposer le sirop dans une bassine, un papier sur le dessus. Laisser refroidir puis y mettre les pièces à candir bien sèches sur grilles et les plonger dans le sirop. Mettre à l'étuve tiède et les laisser 8 heures environ. Lever ensuite les grilles du candissoire et laisser sécher jusqu'au lendemain. Remettre les grilles dans le candissoire et recuire le sucre à 108°C ou 75 % Brix ou 35° Baumé. Le verser à nouveau sur les pièces et laisser reposer 6 heures. Égoutter les sujets et les replacer à l'étuve.

Procédé de deuxième méthode (la plus utilisée)

Faire cuire le sucre et l'eau à 106°C ou 74 % Brix ou 34° Baumé. Bien nettoyer les bords de la casserole avec un pinceau humide et écumer. Laisser reposer le sirop dans son récipient dans un endroit où il n'y aura pas de trépidations. Le filmer entièrement (le film doit être en en contact avec le sirop) et le laisser refroidir. Disposer les sujets à candir (préalablement séchés) dans un candissoire (pour éviter tout déplacement lors du coulage du sirop, coller les sujets avec une pointe de couverture ivoire à point, photos n° 1 et 2, p. 108) et les recouvrir de sirop froid (photo n° 3, p. 108). Recouvrir le sirop d'un film alimentaire (photo n° 4, p. 108) (qui doit être en contact avec

Candy

Ingredients

2,500 g sugar
1,000 g water

Method 1

Cook the sugar and the water to 106°C or 74% Brix or 34° Baumé. Leave the syrup to rest in a basin, with a piece of paper on top. Leave to cool then place the pieces to be candied (very dry) on racks and plunge into the syrup. Put in a warm drying oven and leave for around 8 hours. Next remove the racks from the candy screen and leave to dry until the next day. Put the racks back in the candy screen and recook the sugar to 108°C or 75% Brix or 35° Baumé. Pour once again onto the pieces and leave to rest for 6 hours. Drain the pieces and put back in the drying oven.

Method 2 (the most commonly used)

Cook the sugar and the water to 106°C or 74% Brix or 34° Baumé. Thoroughly clean the edges of the pan with a damp brush and skim. Leave the syrup to rest in its container somewhere with no risk of vibrations. Cover entirely with plastic wrap (the wrap should be in contact with the syrup) and leave to cool. Arrange the subjects to be candied (pre-dried) on a candy screen (to prevent them from moving when the syrup is poured, stick the pieces with a dab of ivory couverture at working temperature, photos no. 1 and 2, p. 108) and cover with cold syrup (photo no. 3, p. 108). Cover the syrup with food wrap (photo no. 4, p. 108) which must be in contact

suite ▸▸▸

1 ▲

2 ▲

3 ▲

4 ▲

le sirop). Laisser reposer 24 heures. Retirer délicatement les sujets candis du sirop (photo n° 5) et les faire sécher à 30°C pendant 2 h.

Remarque

Plus les sujets à candir resteront dans le sirop, plus les cristaux de candi seront gros.

with the syrup. Leave to rest for 24 hours. Delicately remove the candied pieces from the syrup (photo no. 5) and dry them at 30°C for 2 hours.

N.B.:

The longer the pieces to be candied remain in the syrup, the bigger the candy crystals will be.

5 ▶

Les pâtes d'amande

Outre les amandes broyées qui constituent leur matière première essentielle, ces confiseries comprennent du sucre glace et du sirop de glucose. La pâte d'amande est à la base de nombreuses compositions en pâtisserie et en confiserie. Elle est également utilisée pour le décor. Elle est notamment découpée, moulée ou modelée pour la réalisation de sujets divers (légumes, fruits, animaux, personnages), qui peuvent être candis.

La pâte d'amande utilisée pour les fruits déguisés est la pâte d'amande décor (dite pâte d'amande cuite) (recette p. 46, tome 1)

De nombreux fruits déguisés peuvent être réalisés selon l'imagination et les goûts de chacun.

Almond pastes

As well as ground almonds, which constitute their main raw material, these sweets contain icing sugar and glucose syrup. Almond paste is the basis for many creations in pastrymaking and confectionery. It is also used for decoration. It is cut up, moulded or modelled to make a variety of pieces (vegetables, fruits, animals, human figures) which can be candied. The almond paste used for disguised fruits is decorative almond paste (known as cooked almond paste) (recipe p. 46, volume 1)

Many disguised fruits can be made according to the imagination or tastes of each person.

Les fruits déguisés

On désigne sous le nom de « fruits déguisés » un assortiment de fruits secs, frais, liqueurs ou confits, garnis ou décorés de pâte d'amande de couleurs et de parfums divers.
Ces fruits étant farcis et décorés, ils sont protégés soit par un candi, soit trempés dans le sucre cuit au grand cassé.

Disguised fruits

The name "disguised fruits" designates an assortment of fruits, whether dried, fresh, liqueurs or candied, filled or decorated with almond paste of different colours and flavours.
Because these fruits are filled and decorated, they are protected either by a candy, or soaked in sugar cooked to the "hard crack" stage.

Suggestion de fruits déguisés

	Composition	Présentation	Finition
Olives	Pâte d'amande parfumée au kirsch et colorée vert et jaune, amande blanche	Modeler en forme d'olive avec une amande sur le dessus.	Candir (procédé p. 107)
Cerises	Pâte d'amande, Noyau de Poissy en liqueur, bigarreaux rouges confits	Liqueur enrobée de pâte d'amande, 1 demi bigarreaux de chaque côté.	Candir (procédé p. 107)
Pruneaux	Pâte d'amande parfumée au cognac et colorée jaune, pruneaux dénoyautés	Pruneaux ouverts en deux, garnis de pâte d'amande ensuite marquée à l'aide d'un tamis.	Tremper dans du sucre cuit
Marronnettes	Pâte de marron	Modeler en forme de châtaigne, tremper dans du sucre.	Tremper dans du sucre cacao cuit à l'aide d'une broche pour former une pointe de sucre
Mandarine	Quartiers de mandarine	Mandarines en quartiers sans peau ni filament blanc. Laisser sécher 24 heures minimum avant trempage.	Tremper du sucre cuit de 2 couleurs différentes à l'aide d'une broche à fruits Tremper dans du fondant (couleur au choix)
Marquise Royale	Cerises à l'alcool Cerises à queue, pâte d'amande	Enrober les cerises de pâte d'amande.	Tremper dans du sucre cuit rouge parfumé cerise

Suggestion for disguised fruits

	Composition	Presentation	Finish
Olives	Almond paste flavoured with kirsch and coloured green and yellow, white almond	Shape in the form of an olive with an almond on top.	Candying (Method p. 107)
Cherries	Almond paste, Noyau de Poissy in liqueur, candied red bigarreaux cherries	Liqueur coated with almond paste, 1 half bigarreaux cherry on each side	Candying (Method p. 107)
Plums	Almond paste flavoured with cognac and coloured yellow, de-stoned plums	Plums opened into two parts, filled with almond paste then marked using a sieve	Dipping in cooked sugar
Small chestnuts	Chestnut paste	Shape in the form of a chestnut, dip in sugar.	Dipping in cooked cocoa sugar using a skewer to form a sugar tip.
Mandarin oranges	Mandarin orange quarters	Mandarin oranges in quarters with no skin or white pulp. Leave to dry for 24 hours minimum before dipping	Dipping in cooked sugar of 2 different colours using a fruit skewer
Marquise Royal	Cherries in alcohol Stalk cherries, almond paste	Coat the cherries with almond paste	Dipping in fondant (desired colour) Dipping in cooked red, cherry-flavoured sugar

Fleurs de citron au chocolat lacté

Composition
Sirop d'agrumes vanillé
Mousse chocolat lacté
Gelée aux deux citrons
Structure en chocolat
Épices en décor

Ingrédients du sirop d'agrumes vanillé
100 g de sirop à 60 % (recette p. 48, t. 1)
50 g de jus de citron jaune
50 g de jus de pamplemousse
1 gousse de vanille de Tahiti
2 anis étoilés
Q.S. d'écorces de citrons jaunes

Ingrédients de la mousse au chocolat lacté
50 g de crème pâtissière (voir Les Buffets sucrés, *p. 29)*
45 g de duja (recette p. 47, t.1)
50 g de chocolat de couverture lait 36 %
150 g de crème fouettée

Ingrédients de la gelée aux deux citrons
4 g de gélatine en feuille
200 g de sirop à 60 % (recette p. 48, t. 1)
50 g de jus de citron jaune
150 g de jus de citron vert
le zeste de 1 citron vert râpé

Procédé
Pour le sirop d'agrumes, porter tous les ingrédients à ébullition, faire réduire pendant 2 min et réserver.
Pour la mousse au chocolat lacté, tout d'abord lisser la crème pâtissière. Mélanger le chocolat et le duja. Les détendre avec un peu de crème fouettée, ajouter la crème pâtissière et le reste de crème fouettée. Réserver.
Pour réaliser la gelée, faire ramollir la gélatine, l'égoutter et la faire fondre dans le sirop à 60 % chaud. Ajouter les jus et le zeste de citron et laisser refroidir.

Montage du dessert
Dans un cornet en rhodoïd, mouler des cônes en chocolat ivoire et détailler des disques qui serviront au décor. Avec un entonnoir à piston, couler, à mi-hauteur, de la gelée dans les cônes et faire prendre au réfrigérateur. Garnir ensuite les cônes, de mousse lactée jusqu'au bord. Passer au froid. Démouler les cônes.

Dressage de l'assiette
Choisir une assiette en verre transparent, disposer un cône au centre et placer les disques de chocolat à intervalle régulier. Verser le sirop d'agrume autour du cône, puis décorer avec des épices : gousses de vanille, étoile d'anis, et des écorces de citron confites.

Lemon flowers with milk chocolate

Composition
Vanilla-flavoured citrus syrup
Milk chocolate mousse
Lemon and lime jelly
Chocolate structure
Decorative spices

Ingredients for the vanilla-flavoured citrus syrup
100 g 60% syrup (recipe p. 48, vol. 1)
50 g lemon juice
50 g grapefruit juice
1 Tahiti vanilla pod
2 star anise
S.Q. lemon peel

Ingredients for the milk chocolate mousse
50 g confectioner's cream (see Les Buffets sucrés, *p. 29)*
45 g duja (recipe p. 47, vol. 1)
50 g 36% milk couverture chocolate
150 g whipped cream

Ingredients for the lemon and lime jelly
4 g sheet gelatin
200 g 60% syrup (recipe p. 48, vol. 1)
50 g lemon juice
150 g lime juice
grated rind of 1 lemon

Method
For the citrus syrup, bring all its ingredients to the boil, reduce for 2 min. and set aside.
For the milk chocolate mousse, first smooth out the confectioner's cream. Mix the chocolate and the duja. Soften with a little whipped cream, add the confectioner's cream and the rest of the whipped cream. Set aside.
To make the jelly, soften the gelatin, drain it and melt in hot 60% syrup. Add the juices and the lemon rind and leave to cool.

Assembling the dessert
In a cone-shaped rhodoid mould, form cones made of ivory chocolate and cut out discs to be used for decoration. Using a piston funnel, pour some jelly half-way up the cones and leave to set in the refrigerator. Next fill the cones with milk chocolate mousse up to the edge. Put in the refrigerator. Remove the cones from the mould.

Presentation
Choose a dish made of transparent glass, place a cone in the centre and arrange the chocolate discs at regular intervals. Pour the citrus syrup around the cone, then decorate with spices: vanilla pods, star anise, and candied lemon rind.

Saveurs d'épices aux oranges sanguines

Composition

Pain d'épice (voir Les Pains et Viennoiseries, *p. 111)*
Mousse au chocolat
Crème aux oranges sanguines
Gelée d'orange sanguine
Sirop d'orange vanillé
Sauce chocolat profiteroles (voir Les Recettes glacées, *p. 44)*
Finition : oranges confites, feuille d'or

Ingrédients de la mousse au chocolat

150 g de crème liquide
300 g de chocolat de couverture noir 66 %
300 g de crème fouettée

Ingrédients de la crème aux oranges sanguines

25 g de beurre
20 g de sucre
50 g de jus d'orange sanguine
zeste d'1 orange râpé
40 g d'œufs
2 g de gélatine
110 g de crème fouettée

Ingrédients du sirop d'orange vanillé

100 g de sirop à 60 %
80 g de jus d'orange
1 zeste d'orange râpée
1 gousse de vanille

Ingrédients de la gelée d'orange

150 g de nappage abricot
zeste d'1 orange râpé
50 g de jus d'orange

Procédé

Pour réaliser la mousse au chocolat, faire chauffer la crème à 40°C et la verser sur le chocolat râpé. Incorporer la crème fouettée et réserver.

Pour la crème aux oranges, faire cuire le beurre, le sucre, le jus d'orange, le zeste et les œufs à 90°C. Hors du feu, ajouter la gélatine préalablement ramollie et égouttée, et faire refroidir à 20°C. Incorporer la crème fouettée. Dans des moules triangulaires, dresser la crème et la lisser au ras. Passer au congélateur.

Réaliser le sirop d'orange vanillé en portant tous les ingrédients à ébullition en laissant réduire 5 min. Réserver.

Pour la gelée d'orange, faire bouillir le nappage et le jus d'orange. Ajouter le zeste râpé et laisser refroidir.

Montage du dessert

Couper le pain d'épice et l'imbiber de sirop d'orange. Dans des moules triangulaires (plus grands que ceux utilisés pour la crème aux oranges), déposer une tranche de pain d'épice. Garnir d'une fine couche de mousse au chocolat. Déposer un triangle congelé de crème aux oranges sanguines au centre, puis lisser à ras du moule avec de la mousse chocolat. Passer au froid.

Finition et dressage

Démouler, puis passer au pistolet pour obtenir un velours. Glacer le centre avec de la gelée d'orange. Déposer le dessert au centre d'une assiette sobre. Disposer une arabesque de chocolat de forme arrondie, puis 3 quartiers d'oranges confites. Verser de la sauce chocolat, puis décorer d'une pointe de feuille d'or sur la gelée d'orange.

Spice delight with blood oranges

Composition

Spice bread (see Les Pains et Viennoiseries, *p. 111)*
Chocolate mousse
Blood orange cream
Blood orange jelly
Vanilla-flavoured orange syrup
Chocolate profiterole sauce (see Les Recettes glacées, *p. 44)*
Finish: candied oranges, gold leaf

Ingredients for the chocolate mousse

150 g liquid cream
300 g 66% dark couverture chocolate
300 g whipped cream

Ingredients for the blood orange cream

25 g butter
20 g sugar
50 g blood orange juice
grated rind of 1 orange
40 g eggs
2 g gelatin
110 g whipped cream

Ingredients for the vanilla-flavoured orange syrup

100 g 60% syrup
80 g orange juice
1 grated orange rind
1 vanilla pod

Ingredients for the orange jelly

150 g apricot topping
grated rind of 1 orange
50 g orange juice

Method

To make the chocolate mousse, heat the cream to 40°C and pour it onto the grated chocolate. Incorporate the whipped cream and set aside.

For the orange cream, cook the butter, sugar, orange juice, rind and the eggs to 90°C. Away from the heat, add the gelatin after first softening and soaking it and cool to 20°C. Incorporate the whipped cream. In triangular moulds, pipe in the cream and smooth to the edges. Place in the freezer.

Make the vanilla-flavoured orange syrup by bringing all its ingredients to the boil and leaving to reduce for 5 min. Set aside.

For the orange jelly, boil the topping and the orange juice. Add the grated rind and leave to cool.

Assembling the dessert

Cut the spice bread and soak it in the orange syrup. In triangular moulds (bigger than the ones used for the orange cream), place a slice of spice bread. Fill with a fine layer of chocolate mousse. Place a frozen triangle of blood orange cream in the centre, then smooth chocolate mousse to the edge of the mould. Place in the refrigerator.

Finish and presentation

Remove from the mould, then spray to create a velvety appearance. Ice the centre with the orange jelly. Place the dessert in the centre of a plain-looking dish. Arrange a rounded arabesque of chocolate, then 3 candied orange quarters. Pour on some chocolate sauce, then decorate with a gold leaf flake on the orange jelly.

Cœur de framboises au fenouil | Raspberry heart with fennel

Composition
Jus de framboise
Mousse chocolat aux framboises
Royal aux graines de fenouil
3 rectangles brillants de chocolat de couverture noir
Finition : feuille d'or

Ingrédients du jus de framboise
500 g de framboises
20 g de jus de citron
100 g de sucre semoule

Ingrédients de la mousse chocolat aux framboises
50 g de crème liquide
50 g de glucose
190 g de chocolat de couverture noir 66 %
75 g de jus de framboise
10 g d'alcool de framboise
175 g de crème fouettée

Ingrédients du royal aux graines de fenouil
125 g de sucre glace pur
20 g de blancs d'œufs
5 g de jus de citron
15 g de graines de fenouil

Procédé
Pour faire le jus de framboise, mettre les ingrédients au bain-marie, à couvert, pendant 40 min. Passer au chinois et faire réduire de moitié. Réserver.
Pour réaliser la mousse chocolat aux framboises, faire chauffer la crème et le glucose et verser sur le chocolat rape. Ajouter le jus et l'alcool de framboise. Laisser refroidir à 30°C. Incorporer la crème fouettée et réserver.

Composition
Raspberry juice
Chocolate mousse with raspberries
Royal with fennel seeds
Raspberry coulis
Shiny rectangles of dark couverture chocolate
Finish: gold leaf, 3 small chocolate sheets

Ingredients for the raspberry juice
500 g raspberries
20 g lemon juice
100 g caster sugar

Ingredients for the chocolate mousse with raspberries
50 g liquid cream
50 g glucose
190 g 66% dark couverture chocolate
75 g raspberry juice
10 g raspberry alcohol
175 g whipped cream

Ingredients for the Royal with fennel seeds
125 g pure icing sugar
20 g egg whites
5 g lemon juice
15 g fennel seeds

Method
To make the raspberry juice, place the ingredients in a bain-marie, with a lid, for 40 min. Strain through a chinois and reduce by half. Set aside.
To make the chocolate mousse with raspberries, heat the cream and the glucose and pour onto the grated chocolate. Add the raspberry juice and alcohol. Leave to cool to 30°C. Incorporate the whipped cream and set aside.

Pour faire le royal, monter le sucre et les blancs d'œufs au batteur. Ajouter le jus de citron. À la poche, dresser* des meringuettes et les parsemer de graines de fenouil. Cuire au four à 120°C pendant 20 min et réserver.

Montage et dressage du dessert
Dans l'assiette, disposer une plaquette de chocolat. Garnir de framboises préalablement roulées dans du jus de framboise et poser une deuxième plaquette de chocolat. Y dresser* à la poche des petites boules de mousse chocolat. Poser une 3e plaquette de chocolat et la parsemer de pointes de feuille d'or. Verser un cordon de jus de framboise. Finir l'assiette en disposant un royal aux graines de fenouil.

To make the Royal, whip the sugar and the egg whites in the beater. Add the lemon juice. Using an icing bag, pipe out little meringue shapes and sprinkle with fennel seeds. Bake in the oven at 120°C for 20 min and set aside.

Assembly and presentation of the dessert
In the dish, place a small sheet of chocolate. Fill with raspberries that have first been rolled in raspberry juice and add a second chocolate sheet. Pipe out small balls of chocolate. Add a 3rd chocolate sheet. Sprinkle with gold leaf flakes. Pour on a thread of raspberry juice. Finish the dish by adding a Royal with fennel seeds.

Exquisite union
Between two worlds
Of chocolate and of caramel
Nobody knows which side to take
For one or
For the other
And in so doing choosing an alliance

Union suprême
De deux mondes
Du chocolat et
Du caramel
Nul ne sait pencher
Pour l'un ou
Pour l'autre
Et choisit
Leur alliance

Pyramide au thé Assam

Composition
Crème au thé Assam
Mousse au chocolat noir
Pâte sablée feuilletine
Coulis fruit de la Passion et cardamome
Finitions :kumquats, graines de cardamone

Ingrédients de la crème au thé Assam
200 g de lait
10 g de thé Assam
80 g de jaunes d'œufs
75 g de sucre semoule
360 g de crème fouettée

Ingrédients de la mousse au chocolat noir
30 g de lait
250 g de chocolat de couverture noir 58 %
20 g de liqueur de cacao
500 g de crème fouettée

Ingrédients de la pâte sablée feuilletine
75 g de beurre en pommade
1 g de sel fin
35 g de sucre glace
35 g de tant-pour-tant brut
30 g d'œufs
1 g de cannelle
125 g de farine T 55
1 g de poudre à lever
30 g de feuilletine

Ingrédients du coulis aux fruits de la Passion et cardamome
100 g de pulpe de fruit de la Passion
200 g de sirop à 60 % (recette p. 48, t. 1)
1 gousse de vanille
20 graines de cardamome
20 kumquats

Procédé
Pour réaliser la crème au thé, faire une infusion avec le lait chaud et le thé. Blanchir les jaunes d'œufs avec le sucre. Y verser l'infusion et cuire l'ensemble à 85°C. Laisser refroidir, chinoiser, mélanger à la crème fouettée. Mouler dans des moules Flexipan® à beignets puis réserver au congélateur.

Assam tea pyramid

Composition
Assam tea cream
Dark chocolate mousse
Feuilletine sablé pastry
Passion fruit and cardamom coulis
Finishes: kumquats, cardamon seed

Ingredients for the Assam tea cream
200 g milk
10 g Assam tea
80 g egg yolks
75 g caster sugar
360 g whipped cream

Ingredients for the dark chocolate mousse
30 g milk
250 g 58% dark couverture chocolate
20 g cocoa liqueur
500 g whipped cream

Ingredients for the feuilletine sablé pastry
75 g softened butter
1 g fine salt
35 g icing sugar
35 g raw equal mix ground almond/icing sugar
30 g eggs
125 g strong all-purpose flour
1 g cinnamon
1 g baking powder
30 g feuilletine

Ingredients for the Passion fruit and cardamon coulis
100 g passion fruit pulp
200 g 60% syrup (recipe p. 48, vol. 1)
1 vanilla pod
20 cardamom seeds
20 kumquats

Method
To make the tea cream, prepare an infusion with the hot milk and the tea. Mix the egg yolks with the sugar until white. Pour on the infusion and cook together to 85°C. Leave to cool, strain through a chinois, mix with the whipped cream. Mould in Flexipan® fritter moulds then set aside in the freezer.

Pour faire la mousse au chocolat noir, verser le lait bouillant sur la couverture mi-fondue. Ajouter la liqueur de cacao et incorporer la crème fouettée. Réserver.
Mélanger au batteur le beurre souple, le sel, le sucre glace, le tant-pour-tant, les œufs et la cannelle en poudre. Incorporer en deux fois la farine tamisée avec la poudre à lever, puis la feuilletine. Laisser reposer 3 heures au réfrigérateur. Abaisser, puis détailler des fonds de la taille de vos moules. Cuire au four à 160°C pendant 18 min. Laisser refroidir et réserver.
Pour le coulis, faire bouillir la pulpe de fruits et le sirop, ajouter la gousse de vanille, les graines de cardamome et les kumquats coupés en deux. Cuire sans ébullition pendant 2 min et réserver au frais.

Montage du dessert
Chemiser des moules Flexipan® pyramide avec de la mousse chocolat et insérer dans le milieu un palet de crème au thé encore congelé. Regarnir d'un peu de mousse chocolat pour arriver à 2 mm du bord du moule. Disposer un fond de sablé et mettre au congélateur.

Finition et dressage
Démouler les pyramides et pulvériser de l'appareil à pistolet chocolat pour obtenir un aspect velours.
Poser une pyramide à 4 faces dans l'assiette, la couper en deux en diagonale.
Placer un triangle sérigraphié chocolat entre les deux moitiés de pyramide. Verser du coulis fruit de la Passion autour du dessert.
Parsemer de kumquats et de graines de cardamome.

To make the dark chocolate mousse, pour the boiling milk onto the half-melted couverture. Add the cocoa liqueur and incorporate the whipped cream. Set aside.
In the beater, mix the soft butter, the salt, the icing sugar, the almond/icing sugar mix, the eggs and the cinnamon powder. In two stages, incorporate the flour sifted with the baking powder, then the feuilletine. Set aside in the refrigerator for 3 hours. Roll out, then cut out bases the size of your moulds. Cook in the oven at 160°C for 18 min. Leave to cool and set aside.
For the coulis, boil the fruit pulp with the syrup, add the vanilla pod, the cardamom seeds and the kumquats cut in two. Cook without boiling for 2 min and set aside in a cool place.

Assembling the dessert
Line some Flexipan® pyramid moulds with chocolate mousse and in the centre insert a disc of still-frozen tea cream. Fill with a little chocolate mousse to reach 2 mm from the edge of the mould. Arrange a base of sablé pastry and place in the freezer.

Finish and presentation
Remove the pyramids from the mould and spray with chocolate to create a velvety appearance.
Place a pyramid in the dish, cut in two diagonally. Place a screen-printed chocolate triangle in the two halves of the pyramid. Pour some passion fruit coulis around the dessert.
Sprinkle with kumquats and cardamom seeds.

Dôme Montmorency aux noisettes du Piémont

Composition
Gelée de fruits rouges aux griottes
Crème chocolatine
Dacquoise aux noisettes (voir Les Buffets sucrés, *p. 28)*
Coulis de griotte
Finition : Éventails en chocolat, quelques griottes entières

Ingrédients de la gelée de fruits rouges aux griottes
8 g de gélatine en feuilles
100 g de pulpe de framboise
100 g de pulpe de groseille
100 g de pulpe de griotte
150 g de griottes entières dénoyautées
60 g de sucre semoule

Ingrédients de la crème chocolatine
360 g de crème pâtissière chocolat
45 g de beurre en pommade
10 g de liqueur de cerise
10 g de gélatine en feuilles
360 g de crème fouettée

Ingrédients du coulis de griotte
250 g de griottes entières
50 g de sucre semoule
20 g de jus de citron
10 g de fécule de pomme de terre

Procédé
Pour faire la gelée de fruits rouges, ramollir tout d'abord la gélatine dans l'eau froide et l'égoutter. Puis mélanger toutes les pulpes avec le sucre. Faire fondre la gélatine et l'ajouter aux pulpes. Dans des moules Flexipan® à beignets, disposer 3 griottes entières puis remplir les moules de gelée. Mettre au congélateur.
Pour faire la crème chocolatine, lisser la crème pâtissière, ajouter le beurre en pommade*, la liqueur de cerise et la gélatine fondue. Incorporer la crème fouettée et réserver.
Pour réaliser le coulis de griotte, faire cuire pendant 20 min les griottes au bain-marie avec le sucre et le jus de citron. Chinoiser* et lier le jus obtenu avec la fécule. Réserver.

Montage du dessert
Chemiser* des moules Flexipan® pour obtenir un dôme de crème chocolatine. Insérer un palet de gelée de fruits rouges encore congelé. Recouvrir de crème chocolatine, puis disposer un fond de dacquoise. Passer au congélateur.

Finition
Démouler les dômes et les pulvériser d'appareil à pistolet pour obtenir un aspect velours.

Dressage
Au centre de l'assiette, disposer une corolle d'éventails en chocolat. Y poser le dôme, puis faire couler sur le dôme un peu de coulis de griottes ainsi que sur le pourtour de l'assiette. Égayer avec quelques griottes entières.

Montmorency dome with Piedmont hazelnuts

Composition
Red fruit jelly with Morello cherries
Chocolatine cream
Hazelnut dacquoise (see Les Buffets sucrés, *p. 28)*
Morello cherry coulis
Finish: Chocolate fans, a few whole Morello cherries

Ingredients for the red-fruit jelly with Morello cherries
8 g sheet gelatin
100 g raspberry pulp
100 g red currant pulp
100 g Morello cherry pulp
150 g whole de-stoned Morello cherries
60 g caster sugar

Ingredients for the chocolatine cream
360 g chocolate confectioner's cream
45 g softened butter
10 g cherry liqueur
3 gelatin sheet
360 g whipped cream

Ingredients for the Morello cherry coulis
250 g whole Morello cherries
50 g caster sugar
20 g lemon juice
10 g potato starch

Method
To make the red-fruit jelly, first soften the gelatin in cold water and drain it. Then mix all the pulps with the sugar. Melt the gelatin and add it to the pulps. In Flexipan® fritter moulds, place 3 whole Morello cherries then fill the moulds with jelly. Place in the freezer.
To make the chocolatine cream, smooth out the confectioner's cream, add the softened butter, the cherry liqueur and the melted gelatin. Incorporate the whipped cream and set aside.
To make the Morello cherry coulis, cook the Morello cherries for 20 min in a bain-marie with the sugar and the lemon juice. Pour through a chinois and bind the resulting juice with the starch. Set aside.

Assembling the dessert
Line some Flexipan® moulds so as to create a chocolatine cream dome. Insert a disc of still-frozen red-fruit jelly. Cover with chocolatine cream, then form a base of dacquoise. Place in the freezer.

Finish
Remove the domes from the moulds and spray with a gun to create a velvety appearance.

Presentation
In the centre of the dish, place a corolla of chocolate fans. Arrange the dome on top of this, then pour a little Morello cherry coulis onto the dome, and also around the edges of the dish. Decorate with a few whole Morello cherries.

Délices chocolatés aux fruits secs

Chocolate delights with dried fruit

Composition
Mousse chocolat aux noisettes caramélisées
Compote de fruits secs
Sauce chocolat aux épices
Finition : spirales en chocolat, feuille d'or

Ingrédients de la sauce chocolat aux épices
125 g d'eau
15 g de poudre de lait 0 % MG
25 g de cacao en poudre
30 g de sucre semoule
2 bâtons de cannelle
2 anis étoilés
Demi-sphères chocolat

Ingrédients de la mousse chocolat aux noisettes caramélisées
70 g de beurre pommade
30 g de praliné noisette (recette p. 48, t. 1)
30 g de jaunes d'œufs
70 g de chocolat de couverture noir 71%
50 g de blancs d'œufs
50 g de sucre semoule
80 g de noisettes caramélisées (même recette que amandes caramélisées, p. 51, t. 1)

Ingrédients de la compote de fruits secs
400 g de sirop à 60 % (recette p. 48, t. 1)
100 g de vin blanc moelleux du Jurançon
1 gousse de vanille
2 bâtons de cannelle
150 g de figues sèches
150 g d'abricots secs
150 g de pruneaux d'Agen

Procédé
Réaliser la sauce chocolat aux épices en faisant bouillir tous les ingrédients et en laissant infuser hors du feu. Chinoiser et réserver.
Pour faire la mousse chocolat aux noisettes, monter le beurre, le praliné, les jaunes d'œufs et le chocolat fondu à 40°C au batteur. Monter les blancs d'œufs et les serrer avec le sucre. Mélanger délicatement les deux masses et ajouter les noisettes caramélisées concassées. Réserver.
Pour réaliser la compote de fruits secs, faire bouillir le sirop et le vin blanc. Ajouter les épices et les fruits secs lavés. Laisser cuire à feu doux pendant 20 min. Laisser refroidir et réserver.

Montage du dessert
Garnir aux $^3/_4$ des demi-sphères avec de la mousse chocolat aux noisettes. Disposer les fruits compotés de manière harmonieuse.

Dressage
Déposer une demi-sphère garnie sur l'assiette. Décorer le côté de l'assiette de quelques spirales en chocolat, puis verser la sauce chocolat aux épices.

Composition
Chocolate mousse with caramelised hazelnuts
Dried fruit compote
Chocolate sauce with spices
Finish: chocolate spirals, gold leaf

Ingredients for the chocolate sauce with spices
125 g water
15 g 0% fat milk powder
25 g cocoa powder
30 g caster sugar
2 cinnamon sticks
2 star anise
Chocolate demi-spheres

Ingredients for the chocolate mousse with caramelised hazelnuts
70 g softened butter
30 g hazelnut praliné (recipe p. 48, vol. 1)
30 g egg yolks
70 g 71% dark couverture chocolate
50 g egg whites
50 g caster sugar
80 g caramelised hazelnuts (same recipe as caramelised almonds, p. 51, vol. 1)

Ingredients for the dried fruit compote
400 g 60% syrup (recipe p. 48, vol. 1)
100 g mellow white wine (e.g. Jurançon)
1 vanilla pod
2 cinnamon sticks
150 g dried figs
150 g dried apricots
150 g prunes

Method
Make the chocolate sauce with spices by boiling all the ingredients and leaving to infuse away from the heat. Strain through a chinois and set aside.
To make the chocolate mousse with hazelnuts, whisk the butter, the praliné, the egg yolks and the chocolate melted to 40°C in the beater. Whisk the egg whites and mix well with the sugar. Delicately combine the two mixtures and add the crushed caramelised hazelnuts. Set aside.
To make the dried fruit compote, boil the syrup and white wine. Add the spices and the washed dried fruits. Leave to cook over a low heat for 20 min. Leave to cool and set aside.

Assembling the dessert
Fill some demi-spheres to $^3/_4$ with hazelnut chocolate mousse. Harmoniously arrange the fruit compotes.

Presentation
Place a garnished demi-sphere on the dish. Decorate the side of the dish with a few chocolate spirals, then pour on the chocolate sauce with spices.

Souvenir de Toscane

Recette pour 4 cercles ø180 mm par 4 cm haut.
Recette élaborée par Philippe Marand

Composition
Biscuit praliné
Bavarois Concorde Lenôtre
Crème Panacota
Barry Glace Fondant
Décoration : julienne de citron

Ingrédients du biscuit praliné*
400 g de jaunes d'œufs
40 g de sucre semoule
450 g de Praliné Tradition Lenôtre
390 g de blancs d'œufs
190 g de sucre semoule
200 g de farine tamisée
50 g de Pailleté Feuilletine

Ingrédients de la Crème Panacota
600 g de crème liquide
45 g de beurre
180 g de sucre semoule
30 g de zeste de citron (non traité)
3 gousses de vanille
24 g de gélatine en feuilles
30 g de Cointreau
600 g de crème fouettée

Ingrédients de la Crème Concorde Lenôtre
560 g de lait
150 g de jaunes d'œufs
150 g de sucre semoule
22 g de gélatine en feuilles
450 g de Concorde Lenôtre
800 g de crème fouettée

Ingrédients de la julienne de citron semi-confit (décoration)
3 citrons non traités
100 g d'eau
500 g de sucre semoule

Procédé
Pour le biscuit praliné, monter les jaunes d'œufs avec le sucre semoule. Mélanger au Praliné Tradition Lenôtre. Monter séparément les blancs d'œufs avec le sucre semoule. Mélanger les deux appareils et ajouter en pluie la farine tamisée. Étaler 800 g par plaque et saupoudrer de Pailleté Feuilletine avant cuisson.
Pour réaliser la crème Panacota, porter à ébullition, la crème liquide, le beurre, le sucre semoule, le zeste de citron, les gousses de vanille. Ajouter la feuille de gélatine. Refroidir à 30°C, puis ajouter le Cointreau, et à 20°C la crème fouettée. Mouler dans les disques Flexipan® diamètre 16 cm.
Pour réaliser la crème Concorde Lenôtre, pocher à 85°C le lait, les jaunes d'œufs et le sucre semoule. Ajouter ensuite la feuille de gélatine, et chinoiser* sur le Concorde Lenôtre. Pour finir, ajouter à 30°C la crème fouettée.
Pour réaliser la julienne de citron semi-confit, peler les citrons au couteau économe. Émincer en julienne. Blanchir, départ eau bouillante, avec une pincée de sel. Laisser reprendre l'ébullition et égoutter. Réaliser un sirop léger en portant à ébullition l'eau et le sucre semoule. Laisser frémir avec le zeste 10 min. Laisser refroidir dans le sirop. Filmer en contact avec le produit. Égoutter avant utilisation et rouler dans du sucre semoule pour donner un effet givré.

Montage
Monter l'entremets et lisser avec un peigne à encoller avec des grands créneaux pour donner un mouvement de vague, lisser ensuite à la palette de chaque côté. Lorsque l'entremets est congelé, pulvériser au pistolet Barry Glace Fondant fondu à 45°C puis décorer avec le zeste de citron semi-confit.

* Le biscuit praliné, cuit dans des moules à petits fours, à 190°C, 10 à 12 min environ, permet de réaliser de délicieuses gourmandises.

Souvenir of Tuscany

Recipe for 4 rings ø180 mm by 4 cm high.
Recipe created by Philippe Marand

Composition
Praliné sponge
Concorde Lenôtre Bavarian cream
Panacota Cream
Barry Glace Fondant
Decoration: lemon julienne

Ingredients for praliné sponge*
400 g egg yolks
40 g caster sugar
450 g Praliné Tradition Lenôtre
390 g egg whites
190 g caster sugar
200 g sifted flour
50 g Pailleté Feuilletine

Ingredients for the Panacota Cream
600 g liquid cream
45 g butter
180 g caster sugar
30 g lemon zest (non treated)
3 vanilla pods
24 g gelatin sheets
30 g Cointreau
600 g whipped cream

Ingredients for the Concorde Lenôtre Cream
560 g milk
150 g egg yolks
150 g caster sugar
22 g gelatin sheets
450 g Concorde Lenôtre
800 g whipped cream

Ingredients for the semi-candied lemon julienne (decoration)
3 non-treated lemons
100 g water
500 g caster sugar

Method
For the praliné sponge, whip the egg yolks with the caster sugar. Mix with Praliné Tradition Lenôtre. Whisk the egg whites with the caster sugar separately. Combine the two mixtures and sprinkle on the sifted flour. Spread 800 g per sheet and sprinkle with Pailleté Feuilletine before cooking.
To make the Panacota cream, bring to the boil the liquid cream, butter, caster sugar, lemon zest and vanilla pods. Add the gelatin sheets. Cool to 30°C, then add the Cointreau and, at 20°C, the whipped cream. Mould in Flexipan® discs with a diameter of 16 cm.
To make the Concorde Lenôtre cream, poach the milk, egg yolks and caster sugar to 85°C. Then add the gelatin sheet, and sift through a chinois onto the Concorde Lenôtre. To finish, add the whipped cream at 30°C.
To make the semi-candied lemon julienne, peel the lemons with a paring knife. Slice thinly into julienne strips. Blanch in boiling water with a pinch of salt. Leave to boil again and drain. Make a light syrup by bringing the water and caster sugar to the boil. Leave to simmer with the zests for 10 min. Leave to cool in the syrup. Cover in plastic wrap in contact with the product. Drain before use and roll in caster sugar to give a frosted effect.

Assembly
Whip the cream mixture and smooth with a wide spaced pasting comb to create a wave movement, then smooth with a palette knife on each side. When the cream is frozen, spray on some Barry Glace Fondant melted at 45°C then decorate with the semi-candied lemon zest.

* The praliné sponge, baked in petit-four moulds, at 190°C, for around 10 to 12 min, enables the creation of some delicious gourmandises.

Bûche pâte d'amande, miel, chocolat

Recette pour gouttières 50 x 7 cm
crée par Philippe Bertrand

Ingrédients

*1 700 g de **Pâte d' amande 66%***
*250 g **Concorde Lenôtre** à 40°C*
130 g de miel de lavande
100 g de noisettes torréfiées
80 g de pistaches entières
100 g d'amandes torréfiées
150 g d'écorces d'orange confites

Procédé

Mixer Pâte d'amande 66 % avec Concorde Lenôtre. Ajouter le miel de lavande, les noisettes et les amandes torréfiées, les pistaches entières et les écorces d'orange confites. Mixer légèrement le tout et façonner dans une gouttière.

Almond paste, honey and chocolate log

Recipe for logs 50 x 7 cm
created by Philippe Bertand

Ingredients

*1,700 g **Pâte d' amande 66%** (66% almond paste)*
*250 g **Concorde Lenôtre** at 40°C*
130 g lavender honey
100 g roasted hazelnuts
80 g whole pistachios
100 g roasted almonds
150 g candied orange peel

Method

Mix Pâte d'amande 66 % (66% almond paste) with Concorde Lenôtre. Add the lavender honey, the hazelnuts and the roasted almonds, the whole pistachios and the candied orange peel. Mix the whole thing lightly and form into a log shape.

Bonbon Intérieur pistache

Ingrédients

100 g de crème fraîche
20 g de beurre frais
15 g de sorbitol liquide
*300 g de **Blanc Satin***
20 g de beurre de cacao
40 g de pâte de pistache verte
15 g de kirsch pur
Finition : coulis de fruits rouges et fruits rouges

Procédé

Faire bouillir la crème fraîche, le beurre frais et le sorbitol liquide. Verser sur Blanc Satin et le beurre de cacao. Ajouter la pâte de pistache verte et le kirsch. Couler* la ganache dans de petits moulages en chocolat (moules petits godets, colis n° 20). Ajouter un coulis de fruits rouges ainsi que quelques fruits rouges.

Pistachio Sweet interior

Ingredients

100 g crème fraîche
20 g fresh butter
15 g liquid sorbitol
*300 g **Blanc Satin***
20 g cocoa butter
40 g green pistachio paste
15 g pure kirsch
Finish: red fruit coulis and red fruits

Method

Boil the crème fraîche, fresh butter and liquid sorbitol. Pour onto the Blanc Satin and the cocoa butter. Add the green pistachio paste and kirsch. Pour the ganache into small chocolate moulds (small bucket moulds, parcel no. 20). Add a red fruit coulis and some red fruits.

Les bonbons moulés

Contrairement aux idées reçues, il est tout aussi difficile de réaliser un beau bonbon moulé qu'un bonbon enrobé. Leurs formes originales et leur brillance égayent une gamme tout en permettant des textures plus moelleuses (intérieurs caramel, ganaches semi-liquides ou ganaches à l'alcool...).

Moulded sweets

Contrary to popular belief, it is just as difficult to make a good moulded sweet as it is a coated sweet. Their original shapes and their shine brighten the appearance while enabling softer textures (interiors made from caramel, semi-liquid ganaches or ganaches with alcohol...).

Le Noir de bourgogne

Ingrédients

190 g de sucre semoule
130 g de glucose
300 g de lait UHT
155 g de purée de cassis
65 g de beurre

Procédé

Faire cuire le sucre et le glucose à 180°C. Décuire* avec le lait bouillant en plusieurs fois (photo n° 1). Faire recuire à 110°C, puis décuire* à nouveau avec la purée de cassis tamisée et chaude (photo n° 2). Laisser refroidir le tout à 29/30°C. Pulvériser de l'appareil à pistolet rouge et noir sur une plaque de bonbons demi-sphère (photo n° 3) puis la chemiser de

Noir de bourgogne

Ingredients

190 g caster sugar
130 g glucose
300 g UHT milk
155 g blackcurrant purée
65 g butter

Method

Cook the sugar and the glucose to 180°C. Halt cooking by adding the boiling milk in several stages (photo no. 1). Recook to 110°C, then halt cooking again by adding the hot, sieved blackcurrant purée (photo no. 2). Leave everything to cool to 29/30°C. Spray a demi-sphere candy sheet with red and black (photo no. 3) then line with 66% dark couverture

1 ▲

2 ▲

3 ▲

suite ▶▶▶

suite ▶▶▶ chocolat de couverture noir 66 % (photo n° 1). Ébarber proprement et laisser cristalliser. Garnir de ganache aux $^3/_4$ du moule (photo n° 2) et laisser cristalliser pendant 5 heures. Obturer la plaque avec du chocolat de couverture noir 66 % à point. Démouler 24 heures après pour avoir un beau brillant.

chocolate (photo no. 1). Trim neatly and leave to crystallise. Fill with ganache $^3/_4$ up the mould (photo no. 2) and leave to crystallise for 5 hours. Seal the sheet with 66% dark couverture chocolate at the correct working temperature. Remove from the mould 24 hours later for a beautiful shine.

1 ▲

2 ▲

Le caramel cocktail

Caramel cocktail

Ingrédients

400 g de crème liquide
140 g de glucose
300 g de sucre cristal
90 g de beurre
200 g de pulpe de fruits exotiques (50 g Passion, 50 g orange, 30 g banane, 40 g ananas et 30 g citron vert)

Procédé

Faire fondre à sec le sucre et le glucose et les cuire jusqu'à l'obtention d'un caramel blond. Décuire* en plusieurs fois avec la crème bouillante. Faire recuire à 110°C puis décuire* avec la pulpe de fruits exotiques chauffée à 50°C. Faire recuire à 107°C. Laisser refroidir à 35°C et ajouter le beurre en pommade. Chemiser* une plaque de bonbons demi-sphère de chocolat de couverture noir 66 % après avoir fait une impression à la feuille d'or dans le moule (photo n° 3). Ébarber proprement et laisser cristalliser. Garnir de ganache aux $^3/_4$ du moule et laisser cristalliser pendant 5 heures. Obturer la plaque avec du chocolat de couverture noir 66 % à point. Démouler 24 heures après pour avoir un beau brillant.

Ingredients

400 g liquid cream
140 g glucose
300 g granulated sugar
90 g butter
200 g exotic frut pulp (50 g passion fruit , 50 g orange, 30 g banana, 40 g pineapple and 30 g lime)

Method

"Dry-melt" the sugar and the glucose and cook them until you obtain a golden caramel. Halt cooking in several stages by adding the boiling cream. Recook to 110°C then halt cooking by adding the exotic fruit pulp heated to 50°C. Recook to 107°C. Leave to cool to 35°C and add the softened butter.
Line a demi-sphere candy sheet with 66% dark couverture chocolate after making a gold-leaf imprint in the mould (photo no. 3). Trim neatly and leave to crystallise. Fill with ganache $^3/_4$ way up the mould and leave to crystallise for 5 hours. Seal the sheet with 66% dark chocolate at the correct working temperature. Remove from the mould 24 hours later for a beautiful shine.

3 ▲

Le Royal pistache

Ingrédients

85 g de pâte de pistache
85 g de kirsch 45°
1 000 g de pâte d'amande 50 % (recette p. 46, t. 1)
430 g de sirop à 60 % Brix (recette p. 48, t. 1)
80 g de chocolat de couverture ivoire
Coques chocolat ivoire

Pistachio royal

Ingredients

85 g pistachio paste
85 g 45° kirsch
1,000 g 50% almond paste (recipe p. 46, vol. 1)
430 g 60% Brix syrup (recipe p. 48, vol. 1)
80 g ivory couverture chocolate
Ivory chocolate shells

1 ▲

2 ▲

Procédé

Mélanger la pâte d'amande, le kirsch et la pâte de pistache au mixeur. Ajouter le sirop en plusieurs fois, puis verser sur la couverture fondue à 40°C (photo n° 1). Garnir des coques chocolat (corps creux) à la poche (photo n° 2). Laisser cristalliser la masse à l'air pendant 10 heures, puis obturer le dessus avec du chocolat de couverture ivoire à point et laisser cristalliser. Le lendemain, les enrober de chocolat de couverture noir 66 %. Décorer de traits de chocolat de couverture lait 36 %.

Method

Combine the almond paste, kirsch and pistachio paste in the mixer. Add the syrup in several stages, then pour on the couverture melted to 40°C (photo no. 1). Fill some chocolate shells (hollow body) with an icing bag (photo no. 2). Leave the mass to crystallise in the air for 10 hours, then seal the top with ivory couverture chocolate at the correct temperature and leave to crystallise. The next day, coat with 66% dark couverture chocolate. Decorate with lines made from 36% milk couverture chocolate.

Mariage

Du cacao et du coco
Des framboises et de la mousse
Du noir et du blanc
Du cuit et du frais
De la noisette et de la crème
Des agrumes et de la vanille
Du temps et de la création

Marriage

Cocoa and Coconut
Raspberries and Mousse
Black and White
Cooked and Cool
Hazelnuts and Cream
Citrus and Vanilla
Time and Creation

Le Ganache thé vert au jasmin

Ingrédients

90 g d'eau
30 g de thé vert au jasmin
450 g de crème liquide
600 g de chocolat ganache 50 %
240 g de chocolat de couverture lait 36 %
80 g de beurre

Procédé

Faire chauffer l'eau à 70°C et ajouter le thé vert. Laisser infuser 3 min. Ajouter la crème à l'infusion de thé, faire (re)bouillir et chinoiser*. Peser le liquide pour arriver à 550g et rajouter de la crème chaude si nécessaire. Verser sur les chocolats finement hachés et laisser refroidir à 35°C avant d'ajouter le beurre en pommade*. À la poche à douille, garnir des moules en polycarbonates préalablement colorés en rouge au pistolet et chemisés de couverture chocolat noir à 66 % (photo n° 1). Laisser cristalliser 10h. Obturer les bonbons avec du chocolat de couverture noir 66 %. Laisser cristalliser encore 10 h puis démouler.

1 ▲

Jasmine green tea ganache

Ingredients

90 g water
30 g jasmine green tea
450 g liquid cream
600 g 50% ganache chocolate
240 g 36% milk couverture chocolate
80 g butter

Method

Heat the water to 70°C and add the green tea. Leave to infuse for 3 min. Add the cream to the tea infusion, reboil and strain through a chinois. Weigh the liquid to reach 550g and add some hot cream if necessary. Pour onto the finely chopped chocolates and leave to cool to 35°C before adding the softened butter. Using an icing bag with a nozzle, fill polycarbonate moulds pre-sprayed with red colouring and lined with 66% dark couverture chocolate (photo no. 1). Leave to crystallise for 10 hours. Seal the sweets with 66% dark couverture chocolate. Leave to crystallise for another 10 hours them remove from the mould.

Les fritures garnies de praliné

Praliné-filled "fritures"

2 ▲

3 ▲

3 ▲

4 ▲

Les fritures sont les chocolats traditionnels pour Pâques. Les nouveautés en matière de moules, leur diversité de formes et l'emploi de couleurs sont toujours un attrait pour les enfants. Moulage creux, lait ou noir, garniture de masse pralinée, amande ou noisette, et nuances colorées.

"Fritures" are the traditional French Easter chocolates. The latest types of moulds, their diverse range of shapes and the use of colours are always appealing to children. Hollow mould, milk or dark, filled with a praliné mixture, almond or hazelnut, along with subtle differences in colour.

Ganache pralinée à la framboise

Moules demi-sphères (colis n° 69)

Recette pour 8 plaques

Ingrédients

180 g de purée de framboise

20 g de sorbitol liquide

50 g Favorites Mi-Amère Mère Concorde

35 g de Lactée Supérieure

200 g de Praliné noisettes

200 g de Piémont Lenôtre

Procédé

Faire bouillir la purée de framboise avec le sorbitol. Verser sur Favorites Mi-Amère et Lactée supérieure. Ajouter le Praliné noisettes et le Piémont Lenôtre. Moulage : Favorites Mi-Amère.

Praline ganache with raspberry

Semi-circular moulds (parcel no. 69)

Recipe for 8 sheets

Ingredients

180 g raspberry purée

20 g liquid sorbitol

50 g Favorites Mi-Amère Mère Concorde

35 g Lactée Supérieure

200 g Hazelnut praliné

200 g Piémont Lenôtre

Method

Boil the raspberry purée with the sorbitol. Pour onto Favorites Mi-Amère and Lactée supérieure. Add the Hazelnut Praliné and the Piémont Lenôtre. Mould: Favorites Mi-Amère.

▸

◂

Liqueur fruits rouges

Ingrédients

500 g de saccharose

150 g d'eau

65 g de purée de framboise

35 g de purée de mûre

200 g d'eau-de-vie de framboise — à 45°

Finitions : Blanc Satin, chocolat de couverture noir

Procédé

Faire cuire à 122°C le saccharose et l'eau. Décuire avec les purées et l'eau-de-vie. Transvaser 7 fois. Chauffer l'entonnoir. Couler dans l'amidon marqué à l'empreinte. Tamiser de l'amidon sur le coffret. Stocker à 17°C. Lever 48 h après et brosser les bonbons. Enrober avec Blanc Satin. Strier le dessus avec un chocolat de couverture noir.

Red fruit liqueur

Ingredients

500 g saccharose

150 g water

65 g raspberry purée

35 g blackberry purée

200 g 45° raspberry brandy

Finish: Blanc Satin, dark couverture

Method

Cook the saccharose and water to 122°C. Add the purées and brandy to halt the cooking process. Decant 7 times. Warm the funnel. Pour into the starch marked with an imprint. Sift starch onto the box. Store at 17°C. Remove 48 hours later and brush off the swets. Coat with Blanc Satin. Stripe the top with a dark couverture chocolate.

Glossaire

À la nappe : stade de cuisson correspondant à 85°C généralement utilisé pour les crèmes anglaises, sabayons...

Beurre pommade : beurre tempéré, lisse et sans grain, de la texture d'une pommade.

Blanchir (faire blanchir) : mélanger 2 ingrédients pour que la préparation monte et blanchisse (généralement jaunes d'œufs + sucre ou beurre + sucre).

Bouler : façonner en forme de boule.

Chablon : ustensile d'épaisseur diverse, comportant une forme découpée (ronds, feuilles, carrés, etc.) et permettant de dresser un appareil dans cette forme. Permet un travail régulier et rationnel.

Chablonner : utiliser un chablon.

Chablonner une feuille de papier : enduire une feuille cuisson d'une fine couche de chocolat.

Chemiser : enduire ou tapisser les parois et/ou le fond d'un moule d'une certaine préparation (gelée, biscuit cuillère...)

Chinoiser : passer au chinois.

Couler : garnir un moule ou un cadre d'une masse liquide.

Crible : tamis à grosses mailles métalliques.

Débarrasser : corner l'excédent d'une masse dans un récipient plus petit pour stockage.

Décadrer : enlever du cadre.

Décercler enlever le cercle.

Décuire (ou faire décuire) : stopper la cuisson d'une préparation en ajoutant un produit moins chaud.

Destabiliser : faire chauffer suffisamment un chocolat pour qu'il ne soit plus « à point ».

Détendre : assouplir une texture.

Dresser : donner une forme à une pâte ou à un appareil à l'aide d'une poche ou d'un pochoir.

Ébarber : racler l'exédent de chocolat cristallisé sur le dessus et les bords d'un moule après le chemisage.

Fondre : rendre à l'état liquide une masse solide sous l'effet de la chaleur.

Fondre à sec (faire fondre à sec) : terme utilisé pour le sucre. Sur feu doux, on fait atteindre au sucre le stade de caramel sans aucun liquide.

Gommer : enduire la surface d'une confiserie d'une solution de gomme arabique et d'eau.

Infuser (infusion) : hors du feu, à couvert, mettre une épice (5 min) ou un produit aromatique (20 min) dans un liquide bouillant afin d'y transférer son arôme. Ex. : infuser des feuilles de menthe.

Masser : action de faire cristalliser une cuisson de sucre.

Mettre à point : opération consistant à faire subir une courbe de température au chocolat (voir p. 24, tome 1) pour atteindre une température définie qui correspondra à l'état de brillance et de craquant maximum du chocolat.

Pocher : cuire un appareil à 85°C pendant quelques instants. Cuire des fruits dans un sirop ou un liquide à 90°C pendant quelques minutes à une température proche de l'ébullition.

Sabler - sablage : action de faire masser du sucre en le tournant avec une spatule, jusqu'à l'obtention d'une masse granuleuse et sableuse qui a pour but d'enrober des fruits secs.

Satiner : action de refroidir une masse de sucre en l'étirant et en la repliant sur elle-même ce qui a pour but de lui donner un aspect brillant et satin.

Sur-satiner : action volontaire de trop satiner un sucre : il devient opaque.

Tabler : action de travailler la couverture ou une masse pralinée de façon à la faire refroidir.

Tant-pour-tant : mélange à quantité égale de deux ingrédients. Terme généralement utilisé pour les mélanges poudre d'amande et sucre glace.

Tourner (sucre) : même action que le sur-satinage.

Trancher : action involontaire de faire séparer les molécule d'une masse (partie solide et partie grasse).

Tremper : action d'enrober un intérieur de chocolat d'une fine pellicule de chocolat de couverture.

Glossary

à la nappe: stage in cooking corresponding to 85°C, generally used for custards, zabagliones...

Beurre pommade: tempered butter, smooth and with no graininess, with a creamy texture.

Blanchir: mix 2 ingredients until the preparation rises and whitens (usually egg yolks + sugar or butter + sugar).

Bouler: shape into a ball.

Chablon (stencil): utensil of various thicknesses featuring a pre-cut shape (round, leaf, square, etc.) and used for forming a mixture into this shape. Enables regular, rational work.

Chablonner (to stencil): use a stencil.

Chablonner une feuille de papier: coat a sheet of baking paper with a fine layer of chocolate.

Chemiser (to line): coat or line the sides and/or bottom of a mould with a given preparation (jelly, finger biscuits).

Chinoiser (to strain): put through a strainer or chinois.

Couler (to pour): fill a mould or a frame with a liquid mixture

Crible: sieve with broad metal mesh.

Débarrasser: transfer excess mixture into a smaller container for storage.

Décadrer: remove from the frame.

Décercler: remove the ring.

Décuire: halt the cooking of a preparation by adding a cooler product.

Destabiliser: heat chocolate until it is no longer "à point" (see below).

Détendre: soften a texture.

Dresser: put a dough or mixture through an icing bag to produce the desired form.

Ébarber: scrape excess crystallised chocolate from the top and sides of a mould after lining.

Fondre (to melt): transform a solid mass into a liquid state under the effect of heat.

Fondre à sec (faire fondre à sec): "dry-melt", a term used for sugar. Over a gentle heat, the sugar is brought to the caramel stage without the use of any liquid.

Gommer: coat the surface of a confectionery product with a solution of gum arabic and water.

Infuser (infusion) : place a spice (5 min) or aromatic product (20 min) into a boiling liquid to transfer its aroma. E.g.: infusing mint leaves.

Masser: action of crystallising cooked sugar

Mettre à point: subject chocolate to a temperature curve (see p. 24 volume 1) to reach a given temperature that will correspond to the maximum state of shine and crunchiness of the chocolate.

Pocher (poach): cook a mixture at 85°C for a few moments. Cook fruits in a syrup or liquid at 90°C for a few minutes at a temperature close to boiling.

Sabler - sablage: action of massing sugar by stirring it with a spatula, until a sandy granular mass is obtained for coating dried fruit and nuts.

Satiner (to satin): cool a mass of sugar by stretching it and folding it back on itself to produce a shiny, satiny appearance.

Sur-satiner (to extra-satin): Deliberate action of "over-satining" a sugar until it becomes opaque.

Tabler: action of working a couverture or praliné mixture to cool it.

Tant-pour-tant: equal mixture of two ingredients. Term generally used for mixtures of ground almonds and icing sugar.

Tourner (sugar): same action as "sur-satinage".

Trancher: involuntary action of separating the molecules of a mass (solid part and fatty part).

Tremper (to dip): action of coating a chocolate interior with a fine film of couverture chocolate.

Remerciement

Les auteurs tiennent à témoigner leur reconnaissance à toutes les personnes et établissements qui ont apporté leur précieuse collaboration à l'élaboration de cet ouvrage :

à Messieurs Patrick Scicard et Benoît Villers, pour leur préface,

à Monsieur Jean-Pierre Chalangeas et à la société Matfer, pour le prêt des ustensiles et des outils,

à Monsieur Philippe Bertrand, la société et l'École Barry Callebaut, pour leur collaboration à l'ouvrage,

à Madame Isabelle Fabre pour sa collaboration poétique,

à Monsieur Moussa Elibrik, pour ses prises de vues.

à Madame Janice Herrmann, pour son aide sur le manuscrit,

et à toute l'équipe de l'École Lenôtre, pour l'esprit de corps et la foi exprimée à travers les réalisations de cet ouvrage.

Acknowlegments

The authors would like to thank all the individuals and establishments who kindly assisted in the preparation of this book:

Mr. Patrick Scicard and Benoît Villers, for their preface,

Mr. Jean-Pierre Chalangeas and the Matfer company, for the loan of utensils and tools,

Mr. Philippe Bertrand, the company and the École Barry Callebaut for their collaboration in the writing of this book,

Ms. Isabelle Fabre for her poetry,

Mr. Moussa Elibrik for the photography,

Ms. Janice Herrmann for her help with the manuscript,

and everyone at the École Lenôtre for the team spirit and faith they expressed through the creations in this work.

Crédits photographiques Photo credits
Moussa Elibrik/École Lenôtre
sauf/except p. 77, 87, 125, 133 : Laurent Villedary/Barry Callebaut
et/and p. 123 : Maryvonne Letinturier/Cegep

Traduction anglaise English translation
Rebecca Reid

Traduction et adaptation anglaise des poèmes English translation and adaptation of poems
Elizabeth Floriant

Création graphique Graphic design
Abigaïl Nunes
Maquettes et montage PAO Artwork and DTP
Abigaïl Nunes

Responsable d'édition Project editor
Janice Herrmann
assistée de Jeannine Fouquère

Éditeur Editor
Jean Pierre Chalangeas

Photogravure Photoengraving
Grafotitoli, Milan
Impression Printing
Clerc S.A.S.

Achevé en France par Clerc s.a.s
en février 2007
N° d'imprimeur : 9434

Ouvrages déjà parus

BOULANGERIE/PÂTISSERIE

LE COMPAGNON BOULANGER
(synthèse technologique et pratique du boulanger moderne)
de Jean-Marie Viard
Prix du meilleur ouvrage 1984 de l'Académie nationale de cuisine.

L'ENCYCLOPÉDIE DES DÉCORS (2e éd. mise à jour)
de Daniel Chaboissier et Armand Jost
Grand Prix du meilleur ouvrage 1986 de l'Académie nationale de cuisine

LE GOÛT DU PAIN
de Raymond Calvel
Grand Prix du meilleur ouvrage professionnel 1990 de l'Académie nationale de cuisine

LA FANTAISIE DES CROQUEMBOUCHES
de Daniel Chaboissier, Armand Jost et Yves Pegorer
Prix de littérature culinaire 1992 de l'Académie nationale de cuisine

LE TRAVAIL DU SUCRE
de Jean Creveux
Ruban bleu de l'enseignement, Intersuc 1992
Prix de littérature culinaire 1992 de l'Académie nationale de cuisine

PAINS DÉCORÉS ET PIÈCES ARTISTIQUES
de Roger Auzet

LE CAHIER DE DESSIN DU PÂTISSIER
de Daniel Chaboissier

PAIN, PASSION & FANTAISIE
de Rose-Marie Lefetey
Mention spéciale du Jury 1994 (ouvrages professionnels) de l'Académie nationale de cuisine

COMPAGNON ET MAÎTRE PÂTISSIER, t1 t2 et t3
de Daniel Chaboissier et Didier Lebigre
Prix de Littérature culinaire 1994 (ouvrages d'enseignement pour le t1)
Prix de Littérature culinaire 1996 (pour les t2 et t3) de l'Académie nationale de cuisine

20 MEILLEURS OUVRIERS DE FRANCE ET MÉDAILLÉS D'ARGENT SE DÉVOILENT ET NOUS OFFRENT LEURS RECETTES CHOISIES
L'Équipe de France de boulangerie
Grand Prix de Littérature culinaire 1994 (ouvrages professionnels) de l'Académie nationale de cuisine

LES RECETTES GLACÉES
de l'ECOLE LENÔTRE
Grand Prix de Littérature culinaire 1996 (ouvrages professionnels) de l'Académie nationale de cuisine

LES PAINS ET VIENNOISERIES
de l'ECOLE LENÔTRE
Grand Prix de Littérature culinaire 1996 (ouvrages professionnels) de l'Académie nationale de cuisine

LE TRAVAIL DU SUCRE : DÉCORS DE FÉERIE
de Jean Creveux
Grand Prix de littérature culinaire 1997 (ouvrages d'enseignement) de L'Académie nationale de cuisine

LES BUFFETS SUCRÉS
de l'ECOLE LENÔTRE
Grand Prix de littérature culinaire 1997 (ouvrages professionnels) de L'Académie nationale de cuisine

SANDWICHS AU BON PAIN
de l'Institut national de la boulangerie-pâtisserie
Prix de littérature culinaire 1998 (ouvrages grand public) de L'Académie nationale de cuisine

CROQUEMBOUCHES EN FÊTE
de Daniel Chaboissier
Grand Prix de littérature culinaire 1998 (ouvrages professionnels) de L'Académie nationale de cuisine

SAVOUREUSEMENT VÔTRE
de l'ECOLE LENÔTRE

BOUCHERIE/CHARCUTERIE/TRAITEUR

LE COMPAGNON CHARCUTIER, t1 et t2
sous la direction de Jean-Claude Frentz
Prix du meilleur ouvrage 1986 de l'Académie nationale de cuisine

LE COMPAGNON TRAITEUR, t1 et t2
de Jacques Charrette et Guy Aubert
Prix Trombetta 1993

L'ÉCLAT DE VOS BUFFETS ET RÉCEPTIONS
de Claude Barrère et Gérald Martin
Mention spéciale du Jury 1994 (techniques nouvelles)de l'Académie nationale de cuisine

TOURTES ET PÂTÉS CHAUDS
de Georges Delangle
Mention spéciale du Jury 1997 de l'Académie nationale de cuisine

LES BUFFETS SALÉS
de l'ECOLE LENÔTRE
Grand Prix de littérature culinaire 1997 (ouvrages professionnels) de L'Académie nationale de cuisine

CUISINE

MÉTHODE DE TECHNOLOGIE CULINAIRE t1 et t2
(version « professeur » et version « élève » destinée à être complétée avec l'aide du professeur)
de Jean-Pierre Sémonin
Prix du meilleur ouvrage 1983 de l'Académie nationale de cuisine

VINGT PLATS QUI DONNENT LA GOUTTE
de Édouard de Pomiane
Co-édition Ph Fraisse/Jérôme Villette

LA CUISSON SOUS VIDE
de Alain Poletto
Prix de la meilleure technique nouvelle 1990 de l'Académie nationale de cuisine

LES TOURS DE MAIN DE LA CUISINE (2e éd. mise à jour)
de Jean-Pierre Sémonin
Grand Prix du meilleur ouvrage d'enseignement 1990 de l'Académie nationale de cuisine

LA CUISINE DES POISSONS D'EAU DOUCE
de Jean-Pierre Sémonin et Jean-Claude Dupont avec le concours d'Alain Rosier
Grand Prix de littérature culinaire 1992 (ouvrages professionnels) de L'Académie nationale de cuisine

CUISINEZ COMME UN " PRO "
Recettes choisies
Préface de Denis Ruffel
Prix de Littérature culinaire 1994 (ouvrages grand public) de l'Académie nationale de cuisine

LE LIVRE DES CRÊPES
de Catherine Merdy-Goasdoué
Mention spéciale du Jury 1996 de l'Académie nationale de cuisine

LES DÉCORS FINS
de l'ECOLE LENÔTRE

LES RECETTES FRUITÉES
de l'ECOLE LENÔTRE
Grand Prix de littérature culinaire 1998 (ouvrages professionnels) de L'Académie nationale de cuisine

Collection ECOLE LENÔTRE
Ruban bleu de la formation professionnelle, Intersuc 1998

LES CROC'MIDI
de l'Institut national de la boulangerie-pâtisserie

LA CUISINE DES COQUILLAGES ET CRUSTACÉS
de Jean-Marie Guilbault

VINS

ŒNOLOGIE ET CRUS DES VINS
de Roger Piallat et Patrick Deville
Mention spéciale du Jury 1984 de l'Académie nationale de cuisine